W0062602

vorwärts | buch

MUT ZUR INTEGRATION
Für ein neues Miteinander

Klaus Wowereit

vorwärts | buch

© 2011 vorwärts buch GmbH, Stresemannstr. 30, 10963 Berlin. www.vorwaerts-buch.de; Gestaltung: Dirk Bleicker; Satz: Projektdesign Birgit Meyer; Druck: braunschweig-druck GmbH; Autorenfoto: Dirk Bleicker. Jede Form der Wiedergabe oder Vervielfältigung, auch auszugsweise, erfordert die schriftliche Zustimmung des Verlages.

ISBN 978-3-86602-945-3

Eine Frage der Haltung

„Oje, Integrationspolitik! Nein, da sollen sich besser mal andere drum kümmern" – solche Sätze hört man oft, wenn man sich mit Politikerinnen und Politikern austauscht. Eine Haltung, die ich nie verstanden habe.

Mir war es immer ein Anliegen deutlich zu machen, dass es sich lohnt, für ein vielfältiges, ein tolerantes, ein weltoffenes Deutschland zu kämpfen. Vielfalt bedeutet einerseits Chancen, aber natürlich auch Herausforderungen. Ich bin mir dessen immer bewusst. Ich bin nicht naiv und weiß, dass es zuweilen auch Probleme gibt, wenn Menschen aufeinander treffen, miteinander zu tun haben. Da sind Konflikte ebenso erwartbar wie gegenseitige Sympathien. Deshalb ist es wichtig, dass wir uns vorurteilsfrei und mit Respekt begegnen und unser „Gegenüber" so akzeptieren wie sie oder er ist. Das gilt für jede und jeden.

Für uns Sozialdemokratinnen und Sozialdemokraten ist es dabei immer entscheidend, dass niemand ausgegrenzt wird – nur weil jemand anders ist als andere. Das bedeutet, dass wir Minderheiten nicht nur tolerieren, sondern eben respektieren und akzeptieren. Jede und jeder kann ganz schnell zu einer Minderheit gehören und dann sind wir froh, dass wir eine solidarische und offene Mehrheitsgesellschaft haben, die uns unterstützt und schätzt. Die SPD wird jeglicher Form von Diskriminierung den Kampf ansagen – immer und überall. Diesen Pfad werden wir nie verlassen. Wir sind stolz auf diese historische Tradition, und wir werden an ihr festhalten. Das ist für mich eine Frage der Haltung und der sozialen Gerechtigkeit.

Ich bin 2001 als Regierender Bürgermeister in Berlin angetreten, um genau dieses Leitbild zu prägen. Gerade weil ich weiß, dass die Herausforderungen in den Ballungszentren besonders groß sind, habe mich immer für ein offenes und tolerantes Berlin engagiert, in dem jede und jeder seinen Platz finden kann. Mein Ziel war es, dass wir in Berlin auf Basis der

Erfahrungen der Vergangenheit eine gemeinsame Haltung entwickeln und die Frage beantworten, wie wir in dieser Stadt zusammenleben wollen. Ich will nicht vermessen klingen, aber ich glaube, Berlin zeigt inzwischen deutlich, dass Vielfalt Erfolg bedeutet. Menschen aus 190 Nationen leben hier. Wir sind eine internationale Metropole mit großer Ausstrahlungskraft. Berlin boomt gerade deshalb, weil wir diese Vielfalt haben.

Ganz Deutschland muss offensiv auf diese Vielfalt setzen, weil darin eine enorme Kraft liegt und weil wir nur so den enormen Herausforderungen einer Einwanderungsgesellschaft begegnen können. Um Potenziale nutzen zu können, muss man sie erst einmal entdecken: Wir leben in einem Land, in dem kulturelle Vielfalt Realität ist. Wir leben in einem Land, in dem Integration millionenfach gelungen ist. Wir leben aber auch in einem Land, in dem die aktuell vorhandenen Potenziale von Einwanderinnen und Einwanderern noch nicht ausreichend ausgeschöpft werden. Und wir leben in einem Land, das in Zukunft verstärkt auf Einwanderung angewiesen sein wird. Dafür will ich offensiv werben.

Dies waren die Gründe, die mich dazu bewegt haben, im Jahr 2009 in meiner Funktion als stellvertretender SPD-Vorsitzender die Leitung der „Zukunftswerkstatt Integration" mit dem wichtigen Untertitel „Einstiege und Aufstiege in Deutschland" zu übernehmen. Es geht mir darum, ein Zeichen zu setzen. Es geht mir auch darum, in die SPD hineinzuwirken und deutlich zu machen, dass Integration als Zukunftsfrage des Zusammenlebens und Zusammenhalts eine historische Verpflichtung für die SPD ist. Ich will nicht verhehlen, dass hier noch viel zu tun ist. Ich will den Menschen Mut machen, sich an der Gestaltung des Zusammenlebens aktiv zu beteiligen. Deshalb habe ich mich entschieden, meine Gedanken in diesem Buch zusammenzufassen.

Bei den vielen regionalen Terminen der Zukunftswerkstatt habe ich gelernt, wie viel gerade auf kommunaler Ebene passiert. Dort findet Integration statt – und zwar innovativ und erfolgreich. Anstatt immer nur Missstände herauszuarbeiten, ist es an der Zeit, all denjenigen Aufmerksamkeit zu schenken, die tagtäglich dafür sorgen, dass Integration funktioniert: Herzlichen Dank für diese Arbeit, für dieses tolle Engagement.

Meine Arbeit und meine Erfahrungen als Regierender Bürgermeister der bevölkerungsreichsten Stadt Deutschlands und unsere gemeinsame praktische und programmatische Arbeit in der Partei im Rahmen der Zukunftswerkstatt in den vergangenen zwei Jahren sind die Grundlagen für dieses Buch. Ich möchte all jenen danken, die diese Zukunftswerkstatt vorangebracht haben und deren Ideen und Vorschläge sich in diesem Buch wiederfinden.

Es ist mir ein Anliegen, zu Beginn auf meine Heimatstadt zu sprechen zu kommen. Bei allen – vor allem wirtschaftlichen Schwierigkeiten –, die wir haben, hat Berlin, was das Zusammenleben und den Zusammenhalt anbelangt, Vorbildcharakter. Diese Stadt mit ihren zahlreichen Gegensätzen und ihre Menschen haben mich dazu motiviert, mich engagierter und aktiver in die Debatte um Integration in Deutschland einzuschalten.

In Berlin habe ich viel darüber gelernt, wie unsere Gesellschaft funktioniert und wie sie funktionieren kann. Vor allem weiß ich: Berlin ist eine Stadt, die zeigt, dass Vielfalt Zukunft ist. Ich bin stolz auf die Menschen, die hier leben. Sie sind es, die diese Stadt gestalten, die daran mitwirken, dass der soziale Zusammenhalt gewahrt bleibt. Sie sind es, die diese Stadt lebens- und liebenswert machen. Es ist gerade die Vielfältigkeit, die Berlin in der ganzen Welt so sympathisch macht. Immer mehr Menschen kommen hierher, weil sie Berlin, weil sie die Berlinerinnen und Berliner kennen lernen wollen. Über 20 Millionen Übernachtungen, 9 Millionen Touristinnen und Touristen pro Jahr sprechen eine eigene Sprache. Inzwischen liegt Berlin im europäischen Vergleich auf Platz 3 – hinter London und Paris. Warum?

Ich habe vor Jahren gesagt, Berlin sei arm, aber sexy. Das war lange in Vergessenheit geraten. Irgendwann hat das mal jemand im Wahlkampf rausgeholt und wollte mir damit eins reinwürgen. Komischerweise wussten die Menschen, die ein bisschen nachgedacht haben, genau was ich mit diesem Satz sagen wollte. Auf der ganzen Welt haben die Menschen es verstanden: Was das Geld angeht, kann Berlin nicht mit London oder Paris mithalten – auch nicht mit München oder Hamburg. Aber diese Stadt hat etwas, was man mit Geld nie kaufen kann: eine Ausstrahlung, eine Anziehung, eine Wildheit und auch eine Schönheit, wie wir sie in dieser Kombination nicht noch einmal auf der Welt finden. Und das bedeutet, sexy zu sein!

Den Berlinerinnen und Berliner geht es aber wahrscheinlich wie mir: Als „Urberliner" gibt es immer wieder viele Dinge, die mich aufregen in meiner Stadt. Vieles kann der regierende Senat lösen, aber eben nicht alles. Trotz mancher Ärgernisse liebe ich die Momente, wenn ich unterwegs bin und mich Menschen im In- und Ausland ansprechen und mir mit funkelnden Augen sagen, wie toll sich Berlin entwickelt hat. Oder ich treffe auf ehemalige Berlinerinnen und Berliner – wobei: Was heißt hier Ehemalige? Berliner bleibt Berliner – also ich treffe auf Menschen, die früher mal in Berlin gelebt haben und mit großer Melancholie von ihren aufregenden Jahren in der Hauptstadt berichten. Und ich gebe zu: Es ist großartig, wenn man Gäste zu Besuch hat, ob privat oder beruflich, und ich ihnen unsere Stadt zeigen kann. Die Welt liebt Berlin wegen seiner Vielfalt, und es ist für mich eine große Ehre, seit etwas mehr als zehn Jahren Regierender Bürgermeister dieser einzigartigen Stadt sein zu dürfen. Ich freue mich darüber, dass die Berlinerinnen und Berliner mir nun schon zum dritten Mal bei Wahlen ihr Vertrauen gegeben haben und mir so die Möglichkeit geben, die Zukunft Berlins weiter mitzugestalten. Berlin hat eine große Zukunft und es macht mich glücklich zu sehen, wie sich Berlin in den vergangenen Jahren entwickelt hat.

Und deshalb bin ich auch so stolz auf diese Stadt. Vor allem auf die Berlinerinnen und Berliner, denen es gelungen ist, aus

Ost und West *ein* Berlin zu machen – ein Integrationsprojekt par exellence. Denn hier steht nicht mehr die Frage im Raum, wer integriert sich in was. Nein, wir sind als Berlinerinnen und Berliner zu einem großen Ganzen zusammengewachsen und empfinden das auch so. Weil wir unsere gemeinsame Identität gefunden haben, sind wir in der Lage, uns für Neues zu öffnen. Hätten wir im Rahmen der Einigung nicht diesen Mut und die Neugierde gehabt, hätten wir nur ängstliche Debatten geführt, dann wäre uns dieses Meisterwerk nicht gelungen. Deshalb fordere ich dazu auf: Mut zur Integration – damit gelingt was gelingen kann: Ein solidarisches Zusammenleben.

Klar, man kann das Zusammenwachsen von Ost und West nicht eins zu eins vergleichen mit dem, was wir landauf landab unter dem Begriff „Integration" diskutieren. Schon allein deshalb, weil wir dieselbe Sprache sprechen und eine gemeinsame Geschichte haben.

Aber dennoch sind die Grundmechanismen vergleichbar: Wenn Menschen einwandern, dann bringen sie ihre eigene Lebensgeschichte mit, ihre Erfahrungen, ihre Kultur, ihre Sprache, ihr Essen, ihre Gewohnheiten, ihre Sozialisation. Sie kommen in ein Land, das sie nicht kennen, und läuten für sich und ihre Familien einen neuen Lebensabschnitt ein. Das ist keineswegs einfach. Nicht immer treffen sie auf offene Arme.

Als Ost und West zueinander kamen, war es ähnlich. Nach einer großen Anfangseuphorie folgte vielfach Ernüchterung, folgten Konflikte. Zum einen, weil die Erwartungshaltung so groß war, zum anderen, weil wir merkten, dass selbstverständlich in diesen vielen Jahren der Teilung die Menschen auch unterschiedlich geprägt wurden.

Nichtsdestotrotz hat uns dieser gigantische Einigungsprozess stark gemacht. Wir können stolz auf das sein, was wir gemeinsam in diesem Land geleistet haben. Es ist eine beispiellose Erfolgsgeschichte. Wir haben uns verändert. Unsere Gesellschaft ist inzwischen geprägt durch eine weitaus größere Offenheit und Akzeptanz.

Auch wenn sich nicht alles aus der Einheitszeit übertragen lässt, wage ich dennoch die These: Bei Integration geht es vor allem um die Frage nach der grundsätzlichen Haltung. Wie begegnen wir einander? Wie offen sind wir? Wie bereit sind wir, voneinander zu lernen, aufeinander zuzugehen? Wie wollen wir zusammen leben und zusammenleben? Es geht um den Respekt vor dem Leben des anderen, es geht um Anerkennung, Akzeptanz, Offenheit und Toleranz.

Dieser Ansatz gilt für die Integration in einer Einwanderungsgesellschaft ebenso wie beim Zusammenwachsen von Ost und West: Wenn wir den gesellschaftlichen Zusammenhalt wollen, dann müssen wir *eine* Gesellschaft werden *wollen*. Das gilt für alle Beteiligten. Und wir haben bewiesen, dass ein solches Vorhaben, dass eine solche Haltung möglich ist.

Um den sozialen Zusammenhalt zu wahren, ist es wichtig, die gesellschaftliche Realität anzuerkennen. In Deutschland lebten 2009 laut Statistischem Bundesamt 16 Millionen Menschen mit einem Migrationshintergrund. Das heißt: Fast jede und jeder Fünfte ist seit 1950 entweder eingewandert oder Nachfahre von Einwanderinnen und Einwanderern.

Was heißt das aber: „Migrationshintergrund"? Von den 16 Millionen sind etwas mehr als die Hälfte – 8,8 Millionen – Deutsche. Insgesamt 10,6 Millionen haben eine eigene Migrationserfahrung. Auch davon sind 5 Millionen deutsche Staatsbürgerinnen und Staatsbürger. Die Kinder von Einwanderern haben Migration nie erlebt. Sie sind hier geboren, sie leben hier: Sie gehören zu Deutschland.

Für wissenschaftliche Studien und genaue Statistiken ist es notwendig, entsprechende Differenzierungen vorzunehmen. Im politischen Alltag und Diskurs rate ich aber dazu, dass wir die permanente Unterscheidung in „wir" und „die" reduzieren – im Idealfall überwinden, denn solche Termini werden leider oft dazu missbraucht, um auszugrenzen oder zu stigmatisieren. Es ist an der Zeit, dass wir gemeinsam versuchen, endlich einen Schritt weiterkommen. Wir müssen uns endlich als das begreifen, was wir sind: ein Volk.

In diesem Jahr jährt sich zum 50. Mal das Anwerbeabkommen mit der Türkei. Das Wirtschaftswunderland benötigte damals Arbeitskräfte, um den Aufschwung fortzuschreiben und nachhaltig abzusichern und Deutschland wieder als bedeutsame Wirtschaftsnation zu etablieren. Auch mit anderen Ländern wurden Abkommen geschlossen: Das erste mit Italien (1955), es folgten Spanien und Griechenland (1960), Marokko (1963), Portugal (1964), Tunesien (1965) und Jugoslawien (1968). Auch im Osten Deutschlands wurden Arbeitskräfte angeworben – aus Vietnam, Algerien, Mosambik, Angola. Diese Menschen und ihre Familien, die damals zu uns kamen, bilden bis heute die größte Gruppe der in Deutschland lebenden Einwanderer. Mein ausdrücklicher Dank geht an dieser Stelle an die sogenannte erste Generation der Einwanderer, die tatkräftig mitgeholfen haben, dieses Land nach dem Zweiten Weltkrieg wieder nach vorne zu bringen.

Niemand ist einfach so gekommen. Menschen verlassen doch nicht gerne ihre Heimat. Sie gehen, weil sie politisch verfolgt sind, weil es ihnen wirtschaftlich schlecht geht, weil sie keine Perspektive für sich und ihre Familien sehen, weil sie etwas aus ihrem Leben machen wollen. Damals folgten die Menschen dem deutschen Werben, um hier Geld zu verdienen und ihren Kindern Zukunftschancen zu ermöglichen: gesellschaftlicher Aufstieg, Anerkennung und ein besseres Leben waren die entscheidenden Motive. Hier lebten sie zunächst oftmals unter erbärmlichen Bedingungen. Bildungs- und Integrationsangebote gab es nicht: Die Menschen sollten arbeiten. Gesellschaftliche Integration hatte keine Priorität. Von Max Frisch ist mit Bezug auf die Schweiz das berühmte Zitat überliefert: „Wir riefen Arbeitskräfte, und es kamen Menschen." Das galt auch für Deutschland.

Dass sich das politische Deutschland in den Jahren nach dem Abschluss der Anwerbeabkommen nur unzureichend Gedanken über die gesellschaftliche Integration gemacht hat, hängt damit zusammen, dass davon ausgegangen wurde, dass die Menschen nach getaner Arbeit wieder brav in ihre

Herkunftsländer zurückgehen würden. Spätestens aber als auch ihre Familien nach Deutschland kamen, hätte klar sein müssen, dass der Aufenthalt nicht vorübergehend sein würde. Deutschland wurde zum Einwanderungsland – eine Realität, die zahlreiche Konservative bis heute nicht anerkennen wollen und eine Verweigerungshaltung, die dem Zusammenhalt in unserem Land und unserem weltweiten Ansehen oft geschadet hat und schadet. Immer wieder mussten wir mit ansehen, wie Konservative fremdenfeindliche Ressentiments bedienten, um Wählerstimmen zu mobilisieren. Eine Schande für unser Land.

So erinnere ich mich mit Grausen an das Gezeter um das Zuwanderungsgesetz im Bundesrat im März 2003. Vorausgegangen war die einjährige Arbeit einer unabhängigen Kommission unter Leitung der ehemaligen Bundestagspräsidentin Rita Süssmuth (CDU), deren Ziel es war, die komplizierte Ausländergesetzgebung zu reformieren. Die Ergebnisse wurden im Juli 2001 vorgestellt. Es folgte ein Gesetzentwurf der damaligen rot-grünen Bundesregierung unter Bundeskanzler Gerhard Schröder. Die Konservativen in der Union waren in ihrem Element und agitierten in unerträglicher Weise gegen den Entwurf. Seinen schäbigen Höhepunkt erreichte die Debatte an jenem 22. März 2003 im Bundesrat als ein wutschnaubender Roland Koch während der Abstimmung das hässliche Gesicht Deutschlands zeigte und die Botschaft in die Welt sandte: „Ihr seid in Deutschland nicht willkommen". Dass der damalige saarländische Ministerpräsident Peter Müller später einräumte, dass der Auftritt in der Bundesratssitzung ein inszeniertes Schauspiel mit verteilten Rollen war, machte es nicht besser. Deutschlands Ruf war mal wieder nachhaltig beschädigt.

Das alles wäre nicht so schlimm, würden die Integrationsverweigerer in der Union heute endlich die Realitäten anerkennen. Aus Fehlern kann man ja bekanntlich lernen. Ich will nicht verleugnen, dass es inzwischen auch andere Stimmen in der Union gibt. Ich gehe jedoch davon aus, dass es sicher nicht wenige gibt, die aus wahltaktischen Gründen auch heute wieder den inneren Frieden durch solche Kampagnen aufs Spiel setzen würden. Es gilt daher vorzubauen. Es gilt, ein gesellschaftliches Klima zu schaffen, in dem Ausgrenzung, Fremdenfeindlichkeit, Diskriminierung und rassistische Äußerungen keinen Platz haben. Für eine solche Gesellschaft setze ich mich persönlich ein.

Heute versuchen wir, die Versäumnisse der Vergangenheit nachzuarbeiten. Die Folgen jahrzehntelang fehlender Integrationspolitik haben zu massiven sozialen Verwerfungen geführt. Der Aufstiegswille ist vielfach verloren gegangen – in Einwandererfamilien ebenso wie in deutschen Familien. Nach wie vor entscheidet in Deutschland wie in fast keinem anderen hochentwickelten Industrie-, Technologie- und Wissensland die Herkunft über die Zukunftschancen. „Herkunft darf kein Schicksal sein" – darin sehe ich die politische Grundaufgabe der deutschen Sozialdemokratie. Eine Frage der Gerechtigkeit.

Die SPD ist die Partei, die wie keine andere dafür steht, Chancen und Perspektiven für sozialen Aufstieg möglich zu machen. Eine historische Verpflichtung. „Migrationshintergründe" oder religiöse Zugehörigkeit sind dabei nicht entscheidend. Jede und jeder muss es in und für Deutschland schaffen können. Das ist unser Zukunftsversprechen. Dafür machen wir Politik.

Aus diesem Grund setzen Sozialdemokratinnen und Sozialdemokraten, die in den Bundesländern in Regierungsverantwortung sind, so konsequent auf Bildung. Wir wollen Angebote schaffen, um so früh wie möglich Grundlagen für den Aufstieg, für das Erlernen der deutschen Sprache zu legen. Wir wollen individuelle Förderung statt Selektion, um die Talente entdecken und gezielt fördern zu können. Wir wollen Gebührenfreiheit für Kita, Schule, Hochschule, um niemanden den Weg zu verbauen. Wir wollen präventiv wirken statt reaktiv reparieren zu müssen. Wir wollen all diese Anreize, um zu motivieren und den Aufstiegswillen wieder zu wecken.

Für uns steht fest: Gesellschaftliche Integration ist primär eine soziale Frage. Es geht darum, gesellschaftliche Ausgrenzung zu überwinden und durch Anerkennung dafür zu sorgen, dass deutlich wird: Wenn ich mich anstrenge, kann ich etwas erreichen im Leben. Und wenn ich das will, gibt es Menschen und Maßnahmen, die mir helfen. Ich bin der festen Überzeugung, dass in jedem Menschen dieser Wille verankert ist. Jeder Mensch will Anerkennung, will dazugehören, will eine Aufgabe. Umfassende gesellschaftliche Teilhabe, Bildung, gute Arbeit und die Möglichkeit zur politischen Partizipation sind die Bereiche des Lebens, in denen Politik den Rahmen setzen und Perspektiven eröffnen muss.

Trotz der vielfältigen Versuche der Konservativen, der gesellschaftlichen Modernisierung Einhalt zu gebieten, hat sich Deutschland stark verändert: Unsere Gesellschaft ist vielfältiger und bunter geworden. Das mögen die Menschen an Deutschland, auch deshalb stößt unser Land inzwischen weltweit auf so viel Sympathie. Wir sind leistungsstark, wirtschaftlich erfolgreich und geachtet in der ganzen Welt. Das Deutschland im Jahr 2011 ist ein anderes Deutschland als jenes, das Menschen weltweit aus früheren Zeiten in Erinnerung haben. Darauf können wir gemeinsam stolz sein.

Diese positive Ausstrahlung müssen wir uns erhalten. Die neu gewonnene Offenheit dürfen wir nicht verspielen – im Gegenteil: Wir werden uns noch mehr öffnen müssen. Dieses neue Bild Deutschlands ist eine ganz große Errungenschaft. Nur mit dieser offenen und neugierigen Grundhaltung werden wir auch in Zukunft attraktiv sein für Menschen aus aller Welt, die mit ihrem Wissen und ihrem Können mithelfen, unser Land weiter nach vorne zu bringen. Wir brauchen sie. In der Einwanderungsgesellschaft stecken für Deutschland riesige Chancen und Potenziale.

Ich will, dass wir uns über die besten Wege und Konzepte für ein solidarisches Zusammenleben in unserer Gesellschaft konstruktiv auseinandersetzen. Ich will, dass wir Probleme benennen, damit wir sie lösen können. Ich will aber auch Mut machen und Anreize schaffen, in dem wir die vielen erfolgreichen Integrationsgeschichten deutlich machen. Wir müssen endlich wegkommen von Pseudodebatten, die sich in Überschriften erschöpfen. Über Integration zu sprechen, heißt verantwortlich und differenziert, Chancen und Herausforderungen von Einwanderung und Zuwanderung zu analysieren und Handlungsempfehlungen zu erarbeiten. Hierzu will ich mit diesem Buch einen Beitrag leisten.

Mut zur Integration bedeutet für mich, die Debatte um dieses hochsensible Thema differenzierter zu führen. Mut zur Integration bedeutet, wegzukommen von rein defizitorientierten Diskursen. Mut zur Integration bedeutet, nicht nur die Probleme, sondern auch die Chancen einer vielfältigen Gesellschaft zu entdecken und gezielt zu nutzen. Mut zur Integration bedeutet, die gesellschaftlichen Realitäten anzuerkennen. Mut zur Integration bedeutet, sich verstärkt sozialen Fragen zuzuwenden. Mut zur Integration bedeutet, die Frage zu beantworten, wie wir in einer vielfältigen Gesellschaft zusammenleben wollen. Mut zur Integration bedeutet, die moderne deutsche Gesellschaft gemeinsam zu gestalten. Mut zur Integration bedeutet für die SPD, bei diesem Thema mit aller Kraft in die Offensive zu gehen.

Ausgehend von meinen persönlichen und privaten Erfahrungen, die natürlich stark durch meine Funktion als Regierender Bürgermeister von Berlin geprägt sind, geht es in diesem Debattenbeitrag darum, noch einmal die Ausgangslage zu beschreiben und der SPD zu verdeutlichen, warum Integration gerade für die Sozialdemokratie ein Kernthema ist, bei dem die soziale Frage im Mittelpunkt steht. Auf Basis sozialdemokratischer Programmatik gilt es zwei zentrale Stellschrauben für erfolgreiche Integration genauer zu beleuchten: Teilhabe an Bildung und Arbeit. Schließen werde ich auch angesichts der schrecklichen Ereignisse in Norwegen im Juli 2011 mit einem Appell an alle: für mehr Offenheit, Respekt und Akzeptanz in unserer Gesellschaft.

Integration ist mehr als nur eines von vielen politischen Themen. Die Frage der Integration entscheidet über die Zukunft Deutschlands. Integration ist eine Aufgabe für uns alle und nicht nur für einige wenige Engagierte.

Integration braucht Mut zur Veränderung und Offenheit

Die Wowereits haben einen Migrationshintergrund. Meine Mutter ist in Ostpreußen aufgewachsen, wo meine Oma fast wie eine Leibeigene auf einem Gut gearbeitet hat. Sie kam als Wirtschaftsflüchtling nach Berlin, wo sie sich ein besseres Leben erhoffte. Unser Familienname „Wowereit" stammt aus dem Litauischen und lässt vermuten, dass auch unsere Vorfahren schon mobil waren. Als Sohn einer alleinerziehenden Kriegerwitwe passte ich eigentlich nicht ins bürgerlich geordnete Lichtenrade. Dennoch bin ich ein Integrationserfolg. Meine Schule, unsere Nachbarn, diese Stadt, Deutschland haben mir zahlreiche Chancen gegeben. Ich habe Möglichkeiten zum Einstieg und zum Aufstieg bekommen. Und ich habe einige davon genutzt.

Als Kind habe ich allerdings auch erfahren, wie es ist, wenn man ausgegrenzt wird. Die Frage der Lehrer nach meinen Familienverhältnissen bedeutete jedes Mal eine Qual. Ich schämte mich meiner Herkunft nicht, dennoch litt ich darunter. Aber ich habe mich nicht unterkriegen lassen. Ich weiß: Integration ist anstrengend, sie geschieht nicht von allein. Integration erfordert guten Willen von allen Beteiligten. Und sie braucht Ausdauer.

Meine Mutter war mein Vorbild: Sie hat unentwegt gekämpft, als kleine städtische Angestellte, als Mutter von zwei Töchtern und drei Söhnen, einer davon im Rollstuhl. Sie hat jeden Morgen aufs Neue losgelegt, wenn sie noch vor der Arbeit Blumen und Gemüse geerntet hat, um ein paar Mark zusätzlich zu verdienen. Wenn man als Schüler zum Kohlenhändler geht und das Heizöl nicht gleich bezahlen kann und dann jeden Monat wieder hingeht, um jeweils hundert Mark abzustottern, und die Verkäuferin jedes Mal fragt, ob wir uns das denn auch leisten können – dann sind das Erfahrungen, die ein Kind treffen. Aber von meiner Mutter habe ich gelernt, dass man sich nicht hängen lassen darf. Den Willen, es aus kleinen Verhältnissen auf die Oberschule und von dort es auf die Universität zu schaffen, habe ich von meiner Mutter geerbt. Die Chancen hat mir eine sozialdemokratische Politik gegeben, die an Integration durch Bildung geglaubt hat.

Das Geheimnis lag darin, dass wir beide wollten: Das Land wollte mich und ich wollte nach oben. Damit ist eines der Geheimnisse um erfolgreiche Integration bereits gelüftet: Armut, Diskriminierung, Einsamkeit, Heimweh, Traumatisierungen sind halbwegs zu ertragen, wenn die realistische Aussicht auf eine bessere Zukunft besteht, wenn ehrliche Anstrengung und ehrliche Anerkennung zusammenkommen.

Daher ist es höchste Zeit für eine Integrationspolitik mit einer ehrlichen politischen Prioritätensetzung auf Bildung, Qualifizierung und Arbeit. Natürlich ist es möglich, mehr Menschen eine Perspektive zu geben und den Grundstein für sozialen Aufstieg zu legen – egal welcher Herkunft. Wir brauchen Motivation statt Sanktion, Anreize, Angebote und Aktivierung statt Alimentierung. Der Konsens lautet: Jeder, der sich anstrengt, darf mitmachen.

Klar ist: Integration ist nicht mal eben nebenbei mit ein paar flotten Thesen zu erledigen. Integration lässt sich auch nicht als Projekt für einen bestimmten Zeitraum an einen Dienstleister delegieren, der eines Tages meldet: Aufgabe erledigt. Integration kann sich nur bedingt gesetzlich verordnen lassen. Integration ist vielmehr eine Haltung, die basiert auf einem humanistischen, demokratischen, vor allem aber sozialdemokratischen Menschenbild. Integration vereint Grundgesetz und SPD-Programm: Keiner darf zurückbleiben. Zugleich haben sich alle Beteiligten Mühe zu geben. Integration bedeutet Arbeit auf vielen Ebenen, aber auch Gewinn: Der lateinische Ursprung des Wortes Integration steht für „ergänzen, erneuern, vollständig sein, geistig auffrischen", kurz: für Zukunft.

Integration ist die soziale Gestaltungsfrage im 21. Jahrhundert. Es geht nicht nur um Arbeitsplätze, sondern um alle Bereiche des Lebens: von der Kita bis zur Altenpflege, von Pisa bis Gentrifizierung, von der Emanzipation bis zur Gesundheitsvorsorge. Grundwerte, Tradition und Verantwortungsgefühl machen es der Sozialdemokratie zur Pflicht, diese Zukunftsaufgabe offensiv anzugehen. Integration ist eine kulturelle Errungenschaft, die den zivilisierten Menschen von allen anderen Lebewesen unterscheidet, der Gegenentwurf zum kalten Darwinismus, wo die Stärksten, Brutalsten, Lautesten und Listigsten gewinnen.

Ich wünsche mir, dass jeder, der wirklich will, seine Chance zum Aufstieg bekommt – jeder nach seinen Wünschen, Träumen und Begabungen. Ich bin auch deswegen Politiker geworden, weil ich Menschen beim Mitmachen unterstützen will. Ein- und Aufstieg ist der Schlüssel zu erfolgreicher Integration von Menschen, ganz gleich welcher Herkunft, Hautfarbe oder Religion.

Integration ist weder vom Staat gewährte Gnade noch reine Service-Veranstaltung, sondern eine alltägliche Fertigkeit, die das Zusammenleben in modernen Gesellschaften erst ermöglicht. Die Berliner Realität spiegelt dieses moderne Miteinander wider: Berlin hat über 3,4 Millionen Einwohner. Etwa die Hälfte der Bevölkerung hat sich seit der Wende ausgetauscht – Menschen kamen, Menschen gingen. Über 870 000 Berlinerinnen und Berliner haben einen Migrationhintergrund – das entspricht mehr als einem Viertel. Fast die Hälfte davon hat die deutsche Staatsbürgerschaft. Die meisten Kinder besitzen inzwischen einen deutschen Pass, viele aber haben ausländische Wurzeln. Fakt ist: Eine Trennung zwischen „echten" Deutschen oder „waschechten" Berlinern und „den anderen" ist überhaupt nicht mehr möglich. Der Blick an das Klingelschild eines beliebigen Berliner Miethauses zeigt: Hier wohnen viele verschiedene Menschen. Ihre Namen haben kaum noch Aussagekraft. Entscheidend ist vielmehr: Wer erhält die Chance zum Mitmachen in unserer Gesellschaft?

Eine Daueraufgabe zur Verhinderung der sozialen Spaltung

Begreifen wir das Thema Integration doch endlich als eine dauerhafte umfassende gesellschaftliche Aufgabe, der wir uns mit langem Atem widmen müssen. Hören wir damit auf, dieses Thema in immer kürzeren Zyklen aktionistisch und medial hysterisiert und ausschließlich anhand von Negativbeispielen zu diskutieren.

Probleme müssen wir erkennen und benennen, um sie lösen zu können – das steht außer Frage. Aber um das Miteinander erfolgreich zu gestalten, brauchen wir vor allem Beispiele erfolgreicher Integration. Am Vorbild können wir lernen, so wie ich am Vorbild meiner Mutter gelernt habe. Das wird dauern. Denn zur Wahrheit gehört leider auch, dass jahrzehntelange Versäumnisse nicht in wenigen Jahren zu reparieren sind. Wir haben uns um mindestens zwei Generationen von „Gastarbeitern" nur unzureichend gekümmert. Das gilt übrigens auch für viele Langzeitarbeitslose. Deren Kinder haben nun die größten Probleme.

Keine Frage: Die Politik, auch die SPD, hat das Integrations-Thema lange Zeit nicht in seiner ganzen Vielschichtigkeit erkannt. In der Union sehnen sich immer noch manche nach dem Deutschland der 1950er-Jahre zurück und zetteln in regelmäßigen Abständen absurde Debatten darüber an, ob es in den vergangenen Jahrzehnten überhaupt Einwanderung gegeben hat. Die Grünen träumten lange vom ewigen Straßenfest mit Volkstanz und die FDP sah in den Einwanderern keine Menschen, sondern *Human Ressources*. Und wir Sozialdemokratinnen und Sozialdemokraten dachten eine ganze Weile, dass es genüge, eine rechtliche Gleichstellung für Einwanderfamilien zu erkämpfen. Dann käme die Integration schon von ganz allein.

Spätestens mit dem sachlich völlig richtigen Gesetz zur Einführung der doppelten Staatsbürgerschaft hat die SPD eine ausgesprochen schmerzhafte Lektion gelernt. Es war 1999 und in Hessen war Landtagswahlkampf. Mit seiner unappetit-lichen, gleichwohl erfolgreichen Kampagne gegen die Reform des Staatsbürgerschaftsrechts bediente der CDU-Spitzenkan-didat Roland Koch fremdenfeindliche Ressentiments, nutzte das Thema zur Wählermobilisierung und entriss der SPD in Hessen die Mehrheit, womit der Bundesrat als Gegenspieler der frisch gewählten rot-grünen Bundesregierung viel zu früh wieder gestärkt worden war.

Über zehn Jahre danach bleibt festzuhalten: Die SPD hat die Lage damals falsch eingeschätzt. Wir haben die emotionale Sprengkraft dieses „Doppelpass-Gesetzes" unterschätzt, wir haben dem politischen Gegner Munition an die Hand gegeben. Wir wollten versöhnen, aber haben, wenn auch unfreiwillig, Gräben aufgerissen. Die Lehren aus dem Doppelpass-Schock waren vielfältig: über die Eigenheiten der Wählerinnen und Wähler, über die Notwendigkeit, Politik zu erklären, vor allem aber über uns selbst. Damals haben wir begonnen, unsere Hal-tung zur Integration zu überdenken, der Realität anzupassen und in praktische Politik zu übersetzen.

Dazu gehört es, die Lebenswirklichkeit der Menschen zu respektieren. Es wird immer Kieze geben, wo sich Menschen mit ähnlichen Hintergründen zusammenfinden: Reiche, Handwerker, Arme, Einwanderer. Die Neigung, unter sich bleiben zu wollen, entspricht einem menschlichen Bedürfnis. Amerikaner, Briten, Russen und Franzosen hatten während der Mauerzeit auch ihre eigenen Viertel. Begegnungen sind etwas Großartiges, aber sie lassen sich nicht erzwingen. Ent-scheidend ist, dass alle die Gesetze und Regeln unseres Landes achten.

Das Klima in Deutschland ist weit davon entfernt, ideal zu sein, aber dennoch auf einem Weg, der Mut macht. Erfolg kann man nicht nur in Zahlen und Kurven abbilden, sondern bisweilen auch im Ausbleiben von Phänomenen. Wir haben in Deutschland manche Probleme mit Integration, auch in Ber-lin. Aber die Auswüchse von Hass und Gewalt, wie wir sie in Mölln und Langenhagen und Solingen erleben mussten, wie sie in Frankreich und Russland zu beobachten waren, sind in Deutschland derzeit kaum zu entdecken. Ich will nichts schönreden, aber: Die Situation hat sich im vergangenen Jahrzehnt bestimmt nicht verschlechtert.

Und dennoch gilt es, auf der Hut zu sein. In allen europäischen Ländern und Städten sind zunehmend die fatalen Folgen einer fortschreitenden sozialen Spaltung wahrzunehmen, die mir große Sorgen bereitet. Immer mehr Menschen fühlen sich an den Rand gedrängt und ausgegrenzt. Mehr als 5 Millionen junge Menschen im Alter von 15 bis 24 Jahren sind in der Europäischen Union erwerbslos. Dies entspricht im Durchschnitt einer Erwerbslosenquote in dieser Gruppe von 20,5 Prozent. In Spanien liegt sie bei 45,7 Prozent. Und auch wenn Deutschland im Juni 2011 mit 9,1 Prozent die drittniedrigste Jugenderwerbslosenquote in der EU hatte, verbergen sich dahinter über 300 000 junge Menschen, um deren gesellschaftliche Integration es schon jetzt schlecht bestellt ist. Hinzu kommen bei denjenigen, die beschäftigt sind, oftmals prekäre Arbeitsverhältnisse mit geringem Gehalt und fehlendem Schutz. Zukunftsängste und Frustrationen sind ständige Begleiter dieser jungen Menschen. Des Weiteren sehen sich viele Regierungen in der EU angesichts weiter steigender Verschuldung gezwungen, den Rotstift anzusetzen. Die Konsequenzen sind leider viel zu oft Kürzungen im Sozialbereich, die zum Abbau lokaler Anlaufstellen bei Jugendtreffpunkten oder im Quartiersmanagement führen. Das ist eine gefährliche Spirale und auch wir in Deutschland müssen aufpassen, dass uns nicht Teile einer ganzen Generation wegbrechen.

Die Gewalt in Großbritannien im August dieses Jahres hat uns vor Augen geführt, auf welch dünnem Boden der soziale Frieden steht. Junge Menschen verabreden sich zu Plünderungen und gewalttätigen Angriffen. Diese Taten sind durch nichts zu entschuldigen. Dennoch müssen wir Politiker uns fragen, was mögliche Ursachen sind. Soziale Spaltung, geringe Qualifikationen, mangelnde Perspektiven, fehlende soziale Absicherung – all das kann dazu führen, dass sich Menschen ausgegrenzt fühlen und eine verhängnisvolle „Mir-doch-egal-Mentalität" entwickeln. Solche Gewaltexzesse können zerstörerisch sein für das demokratische System. Deshalb müssen wir wachsam sein und unsere soziale Demokratie stärken, indem wir dafür sorgen, dass sozialer Ausgleich, die Beseitigung herkunftsbedingter Benachteiligungen durch Bildung, Qualifizierung und Arbeit ganz oben auf der politischen Tagesordnung stehen.

Ich habe deshalb in den vergangenen Jahren immer dafür geworben, Integration nicht nur als reines Migrationsthema zu betrachten. Denn das greift meines Erachtens zu kurz. Integration in erster Linie als Frage von ethnischer Herkunft oder Religionszugehörigkeit anzugehen, bedeutet viele andere Fragen auszuklammern, die für den Zusammenhalt der Gesellschaft konstituierend sind. Die Seniorin, die von 600 Euro im Monat lebt, die alleinerziehende Mutter mit drei Kindern, die arabische Familie – sie alle wohnen Tür an Tür, sie alle haben das Recht auf gesellschaftliche Teilhabe. Es ist die Aufgabe der SPD, ihre Interessen zu vertreten. Das Thema ist demnach weitaus vielschichtiger und sehr viel komplizierter. Primär ist Integration eine soziale Herausforderung und damit eine originär sozialdemokratische Aufgabe.

Als Regierender Bürgermeister einer Stadt mit vielfältigen Problemen weiß ich: Wer Integration will, muss die soziale Spaltung insgesamt bekämpfen. So haben wir zum Beispiel in den neuen Bundesländern trotz weitaus niedrigerer Migrantenquote weitreichende Integrationsprobleme auf Grund hoher Arbeitslosigkeit. In Berlin gibt es zahlreiche Familien, die seit Jahren von Arbeitslosengeld leben und an der Gesellschaft nur noch unzureichend teilhaben. Zugleich schaffen es nicht wenige Einwandererfamilien, in zwei Generationen vollständig integriert zu sein. Die gesellschaftliche Wirklichkeit muss man also sehr differenziert analysieren. Wir müssen aufpassen, dass nicht „die einen" gegen „die anderen" in Stellung gebracht werden. Einer verantwortungsbewussten Politik muss es darum gehen, diejenigen konsequent zu qualifizieren, denen es an Qualifikationen fehlt.

Ängste ernst nehmen, statt Ängste schüren

Natürlich gibt es Problemlagen, die vom Staat allein nicht geregelt werden können. Ich höre oft von den Sorgen des nachbarschaftlichen Zusammenlebens, wenn ich in Berlin unterwegs bin: Die Rentnerin, die seit Jahrzehnten in ihrem Kiez lebt und inzwischen Probleme hat, sich dort zu orientieren, weil sich alles verändert hat. Es gibt Pöbeleien auf der Straße oder im öffentlichen Nahverkehr. Oft herrscht Angst, an den Rand der Stadt gedrängt zu werden. Es sind diese Ängste, die so gefährlich sind, weil sie oftmals in Misstrauen münden. Es sind diese berechtigten oder manchmal auch nur gefühlten Ängste, die von bestimmten gesellschaftlichen Kräften gezielt aufgegriffen werden, um Stimmung zu machen. Diese Kräfte konzentrieren sich derzeit darauf, Ressentiments zu bedienen, indem sie versuchen, diese Ängste der Einfachheit halber auf den Islam als Religion zu projizieren.

Die Angst vor dem Fremden ist nichts Neues. Meine Mutter erzählte mir, dass früher in Ostpreußen vor den Tagelöhnern aus dem Osten gewarnt wurde: „Die Schnitter kommen!" In den Wirtschaftswunderjahren äußerten sich manche Deutsche abfällig über „Itaker" und „Kanaken". Heute ist es der „Islamist". Jede Zeit hat ihre Phobien. Wir müssen nur aufpassen, dass daraus keine Psychosen werden.

Damit will ich nicht kleinreden, dass es natürlich auch Bedrohungen durch Terrorismus gibt. Der 11. September 2001 hat uns das in schrecklicher Weise vor Augen geführt. Deshalb müssen wir auch weiterhin wachsam sein. Es gilt aber der Gefahr zu widerstehen, als Reaktion auf Terror genau das zu tun, was Terroristen wollen: Unterschiede als unüberwindbar erscheinen zu lassen. Genau das haben auch die anderen Feinde der Demokratie und Freiheit wie anti-islamische Populisten und Rechtsextreme nach dem 11. September immer wieder versucht. Nein, die Antwort auf solche Ereignisse heißt, dass freiheitsliebende Menschen zusammenrücken, egal welche Konfession sie haben und egal aus welchem Land sie stammen. Ein solches Zusammenrücken hat stattgefunden – auch in Deutschland. Daran haben unsere muslimischen Bürgerinnen und Bürger einen riesigen Anteil.

Angst, ob begründet oder nicht, ist eines der größten und tückischsten Integrationshemmnisse. Angst ist schnell geschürt, braucht aber unglaublich lange, um wieder zerstreut zu werden. Ängste entstehen immer dort, wo Unsicherheit herrscht, ob ökonomisch oder kulturell. Angst nährt Abschottungstendenzen, fördert Feindseligkeit und Vorurteile.

Eine gute Gesellschaft ist eine Gesellschaft, die Angst durch Vertrauen ersetzt. Wir müssen Ängste ernst nehmen, Motive erforschen und Ursachen schnell und entschlossen beseitigen. „Ohne Angst verschieden sein" – so nannten wir in Anlehnung an den Sozialphilosophen Theodor W. Adorno eine von vielen Bürgerkonferenzen, die wir als Zukunftswerkstatt zum Thema Integration durchgeführt haben. Die Erfahrung lehrt: Ein offenes, gern auch kontroverses Gespräch löst manche Befürchtungen und schafft neue Erkenntnisse.

Politik muss eingreifen, sobald Unsicherheiten entstehen. Die Menschen müssen sich auf ihre Volksvertreterinnen und -vertreter verlassen können. Daran arbeiten wir mit Verbänden, Initiativen und Engagierten jeden Tag. Gerade in der Stadtteilarbeit wird für Integration, Respekt und Verständnis gekämpft, statt lediglich darüber zu reden. Deshalb ist es eine Schande, dass die schwarz-gelbe Bundesregierung gerade bei der Städteförderung und dem Programm „Soziale Stadt" massive Kürzungen vorgenommen hat. Das ist der falsche Weg. Diese Kürzungen sind ein Angriff auf viele respekt- und vertrauensbildende Aktivitäten, die wir mühsam vorangebracht haben. Es ist aber, nebenbei erwähnt, auch eine volkswirtschaftliche Dummheit, weil wichtige private und kommunale Folgeinvestitionen ausbleiben.

In seinem bemerkenswerten Buch „The Rational Optimist" erklärte der britische Wirtschaftsexperte Matt Ridley den Aufstieg der Menschheit auf eine herrlich einfache Art. Unsere Erfolgsgeschichte begann mit Arbeitsteilung. Irgendwann in der Steinzeit haben unsere Vorfahren entdeckt, dass es schlauer ist, Waren, Ideen, Dienstleistungen, kulturelle Errungenschaften auszutauschen als sich unentwegt die Schädel einzuschlagen. Hochkulturen entstanden immer dort, wo nicht Abschottung, sondern Miteinander gepflegt wurde. Dahinter steckt die bis heute gültige Erkenntnis, dass Kooperation immer stärker ist als Konfrontation.

Ein demokratisches Gemeinwesen ist ein Musterbeispiel für institutionalisierte Kooperation. Regeln, Gesetze und Vorschriften organisieren ein hocharbeitsteiliges und zugleich unglaublich kooperatives Miteinander. Eine Pizza beim Italiener illustriert unsere vielfältige und täglich funktionierende Zusammenarbeit. Wie viele Menschen sind nötig, um das Mehl in die Küche, das Wasser aus dem Hahn, die Hitze in den Ofen zu bringen? Der Teig wird geknetet, die Pizza mit allerlei Zutaten belegt. Was als unspektakuläre Mahlzeit für ein paar Euro auf dem Tisch landet, bedeutet eine Verdichtung von zahllosen Ideen, Talenten, Arbeitsschritten und Dienstleistungen, die Hunderte von Menschen beigetragen haben. Damit die U-Bahn fährt, die Verwaltung funktioniert, eine Stadt leben kann, bedarf es unendlich vieler Menschen, die gemeinsame Sache machen.

Kooperation ist das Geheimnis gedeihlichen Zusammenlebens. Kooperation erfordert jedoch auch ein paar wesentliche Werte: Respekt für den anderen, Offenheit für seine Ideen, Toleranz, falls er eine andere Meinung hat, Klarheit und Ehrlichkeit in der Kommunikation und das Ziel, sich das Leben gemeinsam ein wenig angenehmer zu gestalten – all dies natürlich auf dem Fundament des Grundgesetzes.

Gibt es eine Alternative zu diesem Kooperations-Konsens? Nein. Es bedeutete einen großen Rückschritt, Kooperation durch Konfrontation zu ersetzen. „Wir gegen die" – diese Haltung mag beim Fußball funktionieren, aber sie taugt nicht für eine moderne Gesellschaft. Wer sich abschotten will, wer diskriminiert, wer ausgrenzt, wer andere aufgrund ihrer Religion oder DNA zu weniger wertvollen Mitgliedern der Gesellschaft erklärt, der erntet kurzfristig billigen Applaus von den Ängstlichen, sät aber langfristig Konflikte, deren Entschärfung unendlich viel Energie erfordert.

Polarisieren und Meinungen zuzuspitzen, Positionen klar und meinetwegen auch provokant zu formulieren, gehört zu den Grundrechten eines jeden Demokraten. Nur so ist gewährleistet, dass sich Bürgerinnen und Bürger eine Meinung bilden können. Die Geschichte aber lehrt, dass das Polarisieren immer die Vorstufe einer Lösung sein muss. Gegensätzliche Positionen erfordern Verhandeln, ein Aufeinander-zu-Bewegen, den Kompromiss, ein Geben und Nehmen, möglichst fair. Unversöhnliches zielloses Polarisieren dagegen führt nie zu Fortschritt, sondern immer nur zu verhärteten Fronten.

„Versöhnen statt spalten", so lautete das Lebensmotto des unvergessenen Johannes Rau. Klarer kann man die Grundhaltung der deutschen Sozialdemokratie kaum formulieren. Wer ausschließlich polarisiert – und da geben sich Oskar Lafontaine, Thilo Sarrazin und andere gar nichts – dem ist nicht am Miteinander gelegen, sondern an Krawall, am „Spalten statt Versöhnen". Notorische Polarisierer ohne Lösungswillen sind die wahren Integrationsbremser.

Hetze ist ebenso einfach wie verhängnisvoll: So werden irrationale deutsche Urängste vor dem Fremden zementiert und das gesellschaftliche Klima vergiftet. Die deutsche Untergangsbegeisterung ist einmal mehr aufgeheizt, wenn Probleme als unlösbar dargestellt werden. Gesellschaften aber sind immer auf Ausgleich angewiesen: Jeder gibt etwas auf, um etwas anderes zu bekommen. Nur so funktioniert Fortschritt – gemeinsam!

Hetzen Polarisierer auch noch gezielt gegen eine Minderheit, kommt es zu immensen Folgeschäden. Fühlen sich ordentlich integrierte Menschen plötzlich als Ballast diffamiert, werden bereits errungene Integrationserfolge zunichte gemacht. Ist es ein Wunder, dass redlich rackernde Mitbürgerinnen und Mitbürger zusammenzucken, wenn plötzlich wieder Gene diskutiert werden? Ist es nicht erschreckend, wenn viele türkischstämmige Studierende, die in Deutschland eine gute Ausbildung genossen haben, lieber ins Land ihrer Großeltern zurückkehren als ihre Talente in Deutschland einzusetzen?

Der Schaden, den wutgetriebene Debatten anrichten, ist menschlich, kulturell und ökonomisch kaum zu beziffern. Nachdem sich die hysterische Phase der „Sarrazin-Debatte" gelegt hatte, ergaben erste Studien, dass der Standort Deutschland durchaus Schaden genommen hat. Was das Sommermärchen 2006 an Ansehen geschaffen hat, wurde von einem zornigen Pensionär im Alleingang erschüttert.

Provokateuren die Stirn bieten

Integration ist ein mühsames Geschäft auf allen Ebenen, zu allen Zeiten. Viele Menschen, meist ehrenamtlich, arbeiten für dieses Miteinander, dass das Leben in unseren Städten und Gemeinden lebenswert macht. Umso empörender ist es, wenn mit ein paar zusammengeschusterten und vielfach sogar falschen Zahlen ein Zerrbild Deutschlands gemalt wird. Ich habe den Aufstand der Anständigen vermisst, als 2010 dieses merkwürdige Buch die Bestsellerlisten eroberte. Vor der NPD-Zentrale hing ein Plakat: „Sarrazin hat Recht." Dasselbe Plakat habe ich in Tirschenreuth gesehen, wo Neonazis eine meiner SPD-Veranstaltungen gestört haben. Und im Berliner Wahlkampf zur Abgeordnetenhauswahl wollte die ultrarechte „Bürgerbewegung pro Deutschland" ebenfalls den Namen Sarrazin für ihre Wählermobilisierung nutzen.

Ich glaube nicht, dass Thilo Sarrazin dies wollte. Aber es ist doch klar, dass immer mehr Menschen sich trauen, vermeintliche Tabus zu brechen nach dem Motto: Der angesehene Banker hat es doch auch getan. Zunehmend hörten wir von Menschen, die nicht ganz mitteleuropäisch aussehen, dass sie in der U-Bahn und anderen öffentlichen Bereichen angepöbelt werden.

So treibt mich seit der „Sarrazin-Debatte" des Sommers 2010 vor allem ein anderer wichtiger Punkt um: Wo waren damals die gesellschaftlichen Verantwortungsträger in diesem Land? Wenn selbst Intellektuelle auf die Entgleisungen Thilo Sarrazins nicht reagieren, oder ihn sogar noch unterstützen, dann ist etwas falsch gelaufen in unserer Republik. Wer wundert sich denn da, wenn Diskriminierung, Stigmatisierungen, Rechtspopulismus und Islamfeindlichkeit wieder hoffähig geworden sind? Im Nachkriegsdeutschland gab es einen breiten Konsens, dass wir es nicht zulassen, wenn eine vermeintliche Mehrheit gegen eine Minderheit agitiert. Anständigkeit für Führungspersönlichkeiten muss auch in Zukunft maßgebend sein, um unsere Gesellschaft zusammenzuhalten. Es kann und darf sich nicht Bahn brechen, dass unkorrektes Verhalten auf einmal in einer demokratischen, offenen Gesellschaft akzeptiert wird.

Es war nicht glücklich, wie wir als SPD mit dem notorischen Provokateur Sarrazin verfahren sind. So viele gute Gründe es für ein Parteiausschlussverfahren gab, so sehr hat unsere Partei ganz unfreiwillig Reklame für ein überflüssiges Buch und seinen Autor gemacht. Die SPD hat die Grenzen ihrer Sanktionsinstrumente im Umgang mit dem früheren Berliner Finanzsenator kennengelernt. Es gibt nun mal Konstellationen, in denen es nur ein Abwägen zwischen zwei unbefriedigenden Wegen gibt. Sarrazin hat diese Zwickmühle eiskalt für sich genutzt. Ich kann nicht behaupten, dass ich ihm diesen Triumph gönne. Denn er hat nicht nur die aktuellen Integrationsbemühungen der SPD zurückgeworfen – nein, er hat sich auch gegen unsere lange sozialdemokratische Tradition gestellt. Unser Menschenbild ist davon geprägt, dass jeder Mensch gleich viel wert ist. Die SPD war immer die Partei der Aufklärung und Emanzipation, die über Generationen hinweg dafür gekämpft hat, dass herkunftsbedingte Benachteiligung überwunden wird. Wir sind der festen Überzeugung, dass unsere Gesellschaft so aufgebaut sein muss, dass jede und jeder optimale Startchancen hat, sein Leben eigenständig führen zu können und sozialen Aufstieg möglich zu machen. Thilo Sarrazin hat in der Vergangenheit mehrfach deutlich gemacht, dass sein Menschenbild nicht deckungsgleich mit dem emanzipatorischen Ansatz der SPD ist. Ich will es deutlich sagen: Ich halte seinen Blick auf die Gesellschaft in Teilen für menschenverachtend. Was er heute für Einwanderinnen und Einwanderer beschreibt, wird er morgen für die Arbeitslosen tun. Er hetzt Schwache gegen Schwächste. Lösungsansätze? Fehlanzeige! Mit seinen Thesen hat er dem inneren Frieden in Deutschland, aber auch dem internationalen Ruf Deutschlands geschadet.

Gegen eine wissenschaftlich seriöse Problemanalyse wäre überhaupt nichts einzuwenden. Doch eine Überprüfung der von Sarrazin gesammelten Daten durch den Sachverständigenrat deutscher Stiftungen für Integration und Migration (SVR) ergab wenig Schmeichelhaftes für einen ehemaligen Finanzsenator, der sich seines sicheren Umgangs mit Zahlen rühmt. Anders als im Bestseller behauptet, sinken die Geburtenraten türkischer Frauen und nähern sich dem Stand deutscher Frauen an. Deutschland wird auch nicht überschwemmt von Einwanderern aus der Türkei – im Gegenteil: Mehr Menschen wandern ab, leider auch Hochqualifizierte, die in Deutschland ausgebildet wurden, hier aber keine Perspektive sehen. 2009 kamen knapp 30 000, aber 40 000 gingen und auch für 2010 meldet das Statistische Bundesamt ein Minus von 6000. Seit 2006 haben wir im Bevölkerungsaustausch mit der Türkei ein Negativsaldo. Von einer „muslimischen Nettoeinwanderung" in Höhe von 100 000 Personen wie in diesem Buch beschrieben, sind wir weit entfernt. Auch leben in Deutschland nicht bis zu sieben, sondern laut der Studie „Muslimisches Leben in Deutschland" des Bundesamts für Migration und Flüchtlinge etwa 4 Millionen Muslime.

Obgleich das Bildungsniveau von Menschen türkischer Herkunft immer noch hinter dem der Deutschen zurückbleibt, ist eine deutliche Verbesserung von der ersten Generation, das heißt, den ab den 1950er-Jahren selbst Eingewanderten, zur in Deutschland geborenen zweiten und dritten Generation zu verzeichnen. Die Wissenschaftlerin Naika Foroutan weist darauf hin, dass in der ersten Generation etwa 3 Prozent über eine höhere Schulbildung verfügten, dass dieser Anteil dann bis 1974 auf 7 Prozent anstieg und heute bei den unter 25-Jährigen bei 22,5 Prozent liegt. Ja, das ist noch weniger als bei der Vergleichsgruppe ohne Migrationshintergrund (ca. 42 Prozent), aber da ist enorm viel in Bewegung. Der Grund, warum es Deutschland in den vergangenen Jahren in internationalen Vergleichsstudien gelungen ist, wieder aufzuholen, liegt insbesondere darin begründet, dass die Gruppe der Schülerinnen und Schüler mit dem sogenannten „Migrationshintergrund" signifikante Fortschritte macht. Das gilt besonders für jene, die in Deutschland geboren wurden. Hier zeichnet sich eine positive Entwicklung ab, die man auch mal deutlich machen muss, um zu unterstreichen, dass wir in Deutschland große Integrationserfolge haben – auch weil wir uns dieser Herausforderung gezielt angenommen haben.

Jörg Dollmann konstatierte zudem in seiner Studie „Türkischstämmige Kinder am ersten Bildungsübergang" (2010), dass das Bildungsstreben in Familien türkischer Herkunft hoch ist und der Übergang auf ein Gymnasium bei gleichen Leistungen und gleichem sozialen Hintergrund wahrscheinlicher ist als bei der Vergleichsgruppe ohne Migrationshintergrund. Für die ebenfalls mehrheitlich muslimische Bevölkerung, die aus dem Iran nach Deutschland gekommen ist, gilt übrigens, dass es sich großenteils um hochqualifizierte Einwanderer handelt. Generell steigt zudem der Anteil qualifizierter Zuwanderinnen und Zuwanderer. Deutschland schafft sich also nicht ab, sondern verbreitert seine Grundlagen.

Man muss schon den Willen haben zu differenzieren. Dies ist aber natürlich nicht so schlagzeilenträchtig, talkshowtauglich und verkaufsfördernd. Das Schlimme an seinem Buch ist, dass Sarrazin real existierende Probleme einzelner Einwanderergruppen zur allgemeinen Problemlage aller Muslime, wenn nicht gar aller „Ausländer", in Deutschland macht.

Auch wenn eine Debatte über genetische Dispositionen von Menschen sehr schnell ins Problematische abrutscht, sei doch zumindest festgestellt, dass der Einfluss von Bildung genetische Unterschiede eher ausgleicht als verstärkt. Gerade Kinder aus bildungsfernen Schichten profitieren von verstärkter zielgerichteter Förderung. Die Absicht hinter einem Konvolut falscher, halbwahrer und bewusst isoliert betrachteter Zahlen ist unschwer zu erkennen. Es geht nicht um Lösungen, sondern um Panikmache. Der Vorsitzende des SVR, Klaus J. Bade, urteilt entsprechend: „Thilo Sarrazin bringt dort, wo er Recht hat, nichts Neues und dort, wo er neu ist, meist eine groteske Mischung von statistisch verbrämten Halbwahrheiten, Vorurteilen, Unterstellungen und unzulässigen Verallgemeinerungen."

Integration ist in Deutschland millionenfach gelungen

Generell lasse ich mir nicht einreden, dass Integration in Deutschland gescheitert sei. Das bedeutet einen Schlag ins Gesicht von Millionen von Menschen: Zum einen gegen die, die sich angestrengt haben, hier integriert zu werden, aber auch gegen die anderen, die die Arme geöffnet und eine Willkommenskultur aufgebaut haben. Ich erlebe diese kleinen Erfolgsgeschichten immer wieder bei Treffen mit Menschen unterschiedlicher Herkünfte. Aber die Menschen sagen auch: „Herr Wowereit, glauben Sie nicht, dass das einfach war. Glauben Sie uns, da sind genügend Wunden und Narben, weil eben nicht alles von Anfang an lief. Wir hatten eine gute Ausbildung, aber die ist nicht anerkannt worden. Wir mussten mit unserem akademischen Abschluss darum betteln, noch irgendeinen Billig-Job zu bekommen, oder wir haben gar keine Arbeit gefunden. Wir sind angefeindet worden. Es gab nicht überall diese Willkommenskultur, und trotzdem wollten wir den Aufstieg. Wir wollten ankommen. Und heute sagt man uns wieder: ,Du bist hier nicht erwünscht, Du kannst nach Hause gehen!'"

Wenn die Bundeskanzlerin erklärt, Multikulti sei gescheitert, dann diffamiert sie Menschen, die sich in diese Gesellschaft gerackert haben. Die Kanzlerin betreibt Wirklichkeitsverweigerung, denn Multikulti ist nicht gescheitert – die multikulturelle Gesellschaft ist Realität in Deutschland. „Multikulti" ist aber inzwischen längst zu einem Kampfbegriff der Konservativen verkommen, die sich die romantischen Vorstellungen der frühen Grünen zur Beute gemacht haben. Ich werde im nächsten Kapitel auf die Hintergründe detailliert eingehen.

Fakt ist: Es gibt ein Recht auf kulturelle Selbstbestimmung – überall auf der Welt. Wenn Deutsche ins Ausland gegangen sind, dann sind sie meistens in einem Quartier zusammengezogen. Unsere Jeckes in Tel Aviv machen heute noch dort gymnastische Übungen, wo kein Israeli ins Wasser gehen würde. Parallelgesellschaften? Ich war in Jakarta, da haben die Deutschen Oktoberfest gefeiert. Kulturelle Überfremdung? Grundrechte gelten nicht nur für hier Geborene, sondern für alle Menschen – daran muss man immer wieder mal erinnern.

Vor allem: Was ist die Alternative? Abschieben, Rauswerfen, Grenzen dicht? Fortschritt ist Offenheit, Geschlossenheit dagegen bedeutet Stillstand, wenn nicht Rückschritt. Nordkorea ist geschlossen, Kuba ist geschlossen, die Taliban wollten Afghanistan in ein abgeschottetes Gebiet für mittelalterliche Lebensformen verwandeln. Ist das die Vision der Xenophoben für ein globalisiertes Land, das vom Export lebt, also tagtäglichem Tausch? Nein. Multikulturelles Miteinander ist nicht nur Realität, sondern Bedingung für Fortschritt in Wohlstand. Damit dieses Miteinander funktioniert, ist Kooperation gefragt, sind gesellschaftliche Grundregeln, die von allen akzeptiert werden, notwendig. Unser Grundgesetz definiert diese Grundregeln.

Natürlich dürfen wir nicht zulassen, dass junge Menschen nicht mehr zur Schule kommen, dass der Schwimmunterricht gemieden wird, dass Religion als Deckmantel für Diskriminierung genutzt wird oder gar zur Rechtfertigung krimineller Auseinandersetzungen. Wir müssen einfordern, dass Aufstiegswille zur akzeptierten Haltung wird. Und dort, wo er nicht mehr da ist, sowohl bei Deutschen als auch bei Einwanderern, muss dieser Aufstiegswille geweckt werden – durch Hilfestellungen, wo sie nötig sind; aber auch mit Druck, wo dieser hilft, Menschen einen Weg aus Apathie und Passivität aufzuzeigen.

Wir Sozialdemokratinnen und Sozialdemokraten müssen für die Offenheit der Gesellschaft eintreten. Wir müssen wollen, dass Menschen aus der ganzen Welt hierher kommen – natürlich am liebsten die künftigen Nobelpreisträgerinnen und Nobelpreisträger. Das wird jedoch nur funktionieren, wenn dieses Land nicht nur in Sonntagsreden Solidarität predigt, sondern täglich Haltung beweist und Demokratie praktiziert: Der andere wird akzeptiert in seiner Unterschiedlichkeit – das ist gesellschaftliches Miteinander. Berlin ist da schon sehr weit.

Wir müssen das Gemeinsame betonen, nicht das Trennende. Sonst besteht dieses Land eines Tages nur noch aus Minderheiten, die sich bekämpfen. Im vergangenen Jahr gab es eine Debatte darüber, dass deutsche Schüler von Migranten angepöbelt worden sind, die an einer Schule in der Mehrheit waren. Zu Recht gab es da einen Aufschrei. Aber dieselben, die schreien, müssen auch dann eingreifen, wenn Einwandererkinder angepöbelt werden. Diskriminierung ist nie in Ordnung. Deshalb müssen wir immer und überall reagieren. Wer Minderheiten pauschal verurteilt, ausgrenzt und diskriminiert, muss mit dem erbitterten Widerstand der SPD und hoffentlich einem Großteil der Bevölkerung rechnen.

Es kann aber auch nicht sein, dass Minderheiten andere Minderheiten diskriminieren. Nicht selten höre ich zum Beispiel Beschwerden von Homosexuellen, die berichten, dass sie in Deutschland auf Basis religiöser Vorstellungen Diskriminierung erfahren. Menschenrechte sind unteilbar, dafür steht die SPD. Deshalb ist es unsere Aufgabe, für eine offene, eine liberale Gesellschaft zu streiten.

Selbstverständlich kann Integration keine Einbahnstraße sein. Natürlich müssen beide Seiten der Medaille betrachtet werden. Wir müssen uns den Vorwurf gefallen lassen, dass vielleicht nicht alles richtig war, was wir versucht haben. Wir können uns auch vorwerfen lassen, dass man noch mehr tun kann. Man kann sich auch streiten, welches Konzept sich durchsetzen muss. Das machen wir intern und extern seit vielen Jahren. Dabei haben wir gelernt, dass es keine Patentrezepte gibt.

Ebenfalls unbestritten ist, dass es auch Menschen gibt, die unser System ausnutzen wollen. Das ist überall auf der Welt so. Und solche Versuche gehören bestraft. Das ist überhaupt kein Streitpunkt in unserer Partei oder in der Öffentlichkeit. Wer unser Sozialsystem missbrauchen will, egal woher er kommt, der muss entsprechend behandelt werden. Dem muss ein Riegel vorgeschoben werden mit allen Gesetzen und Maßnahmen, die heute vorhanden sind. Das Instrumentarium steht zur Verfügung. Es ist ausreichend und muss bei Bedarf konsequent angewandt werden. Jeder, der meint, dieses Instrumentarium aus falsch verstandener Mitmenschlichkeit nicht zu nutzen, muss wissen, dass er Gefahr läuft, die Akzeptanz des sozialen Systems bei Millionen anderen zu untergraben. Die Legitimation der Sozialpolitik hängt bekanntermaßen auch davon ab, dass sich die Gesellschaft sicher sein kann, dass unser Sozialsystem darauf aufbaut, Lebensrisiken abzusichern und Sozialmissbrauch zu verhindern.

Klare Kante gilt es auch beim Thema Jugendgewalt zu zeigen oder bei Tendenzen, die Religion über das Recht zu stellen. Für Ehrenmord, Zwangsverheiratung, Frauenfeindlichkeit, Homophobie oder Hasspredigten gibt es keinen Freiraum in unserer Gesellschaft. Das Grundgesetz gilt überall. Es ist unsere gemeinsame Pflicht dagegen vorzugehen.

Ich halte es aber für unredlich, ein komplexes Thema wie Integration mit einigen zweifellos vorhandenen Konfliktfeldern erklären zu wollen. Ja, es gibt Clans, die Deutschlands freiheitliche Gesellschaft für kriminelle Machenschaften ausnutzen. Ja, es gibt Milieus, die sich abkapseln. Ja, es gibt archaisch organisierte Familien, Gewalt und Unterdrückung. Gegen diese Strukturen gehen wir vor, nicht nur mit den Mitteln des Rechtsstaats, sondern auch mit sozialen Angeboten.

Fakt ist darüber hinaus: Weit über 90 Prozent der Einwanderer haben mit diesen mittelalterlichen oder kriminellen Strukturen nichts zu tun. Würden wir alle Fußball-Fans zu Schlägern erklären, nur weil einige Hooligans jedes Wochenende randalieren? Würden wir jeden Sparkassen-Angestellten kriminalisieren, nur weil einige Investmentbanker das weltweite Finanzsystem an den Rand des Abgrunds spekuliert haben?

Bevor wir uns den propagandistischen Verlockungen der Sippenhaft hingeben, sollten wir zunächst den Blick auf Millionen Menschen lenken, die jeden Tag sehr fleißig, engagiert und rechtschaffen dazu beitragen, dass es Deutschland gut geht. Das Wirtschaftswunder nach dem Zweiten Weltkrieg wäre kaum möglich gewesen, wenn nicht überall im Land die sogenannten „Gastarbeiter" geholfen hätten, oft unter miserablen Arbeitsbedingungen und bei jämmerlichem Lohn.

Deshalb benötigen wir auch einen scharfen Blick für die Erfolgsgeschichten von Einwandererkindern, an denen sich ein möglicherweise orientierungsschwacher Nachwuchs aufrichten kann. Wir brauchen mehr Einwanderinnen und Einwanderer in Politik, Medien, Wirtschaft und Verwaltung, die jeden Tag vorleben, dass Aufstieg in Deutschland möglich ist. Hier sind alle, die in dieser Gesellschaft Verantwortung tragen, in der Pflicht. Nichts gegen eine Karriere als „Gangster-Rapper", Fußballer oder Boxer. Aber Deutschland hat noch eine ganze Menge anderer Berufe zu bieten.

Ich plädiere für einen Diversity- oder Mainstreaming-Ansatz, dessen Ziel es ist, dass Einwanderinnen und Einwanderer ganz selbstverständlich manifester Teil bei allen Entscheidungsprozessen in diesem Land sind. Die Politik darf nicht immer nur „Getriebene" sein. Sie muss proaktiv gestalten wollen. Sie muss sich endlich der Frage stellen, wie sie in einer stark veränderten Gesellschaft den Bedürfnissen einer kulturell vielfältigen Gesellschaft gerecht werden kann. Wir müssen Antworten auf die Frage finden, wie wir vorhandene Vielfalt gezielt nutzen und fördern können. Hier können wir viel von internationalen Unternehmen lernen. Sie fördern Vielfalt sicher nicht vornehmlich aus humanitären Gründen. Firmen fördern Vielfalt, weil sie in einer globalisierten Welt betriebswirtschaftlich erfolgreich sein wollen.

Auch eine vielfältige Gesellschaft will „gemanagt" werden. Dazu gehört, die Grundlage dafür zu schaffen, dass jede und jeder in unserer Gesellschaft sich mit den vorhandenen Fähigkeiten uneingeschränkt einbringen kann. Voraussetzung dafür ist ein Klima der Offenheit und Wertschätzung. Dafür müssen wir uns weiter engagieren.

Gesellschaftliche Teilhabe ermöglichen

Ziel sozialdemokratischer Politik muss es sein, verlässliche Aufstiegsmöglichkeiten zu organisieren. Darum haben wir uns in den letzten Jahren bisweilen nicht energisch genug gekümmert. Wir haben den sogenannten „kleinen Leuten" zu wenig Perspektiven eröffnet. Nicht selten fehlte die berechtigte Aussicht, dass sich Leistung für jeden lohnt, nicht nur ökonomisch, sondern auch in Form von Anerkennung, Respekt und Vertrauen.

Wie viel in uns steckt, haben gerade die Berliner nach dem Krieg bewiesen. So wie meine Mutter haben sich viele aus kleinsten Verhältnissen Schritt für Schritt nach oben gekämpft. Wir waren arm im Vergleich zu den Apothekern, Ärzten und Beamten, die in Lichtenrade wohnten. Aber wir waren nicht verzweifelt, nicht depressiv oder träge, ganz im Gegenteil: Meine Kindheit war glücklich, auch wenn ich den selbstgestrickten Pullover getragen habe. Wir fühlten uns ganz bestimmt nicht prekär, sondern voller Tatendrang.

Dass wir über die Runden kamen, hatte viel damit zu tun, dass meine Mutter mit Geld umgehen konnte. Sie war eine knallharte Ökonomin. Das hatte sie von ihrem ersten Mann gelernt, der aus einer Kohlenhändlerfamilie stammte. Mochten wir Wowereits aus Lichtenrade gemessen an unserem Familieneinkommen auch zum unteren Drittel gehören, so war meine Mutter, waren meine Geschwister und ich doch immer überzeugt, dass es uns eines Tages besser gehen würde. Genauso denken übrigens heute viele Einwandererfamilien. Was heißt es also „dazuzugehören", Teil der Gesellschaft zu sein oder eben nicht?

Der Soziologe Heinz Bude hat dazu ein kluges Buch mit dem Titel „Das Problem der Exklusion. Ausgegrenzte, Entbehrliche, Überflüssige" vorgelegt. „Exklusion" meint das Ausschließen von Menschen, die „eigentlich" nicht dazugehören – das heißt: Eine gesellschaftliche Gruppe will exklusiv unter sich bleiben und schließt andere aus.

Das Tückische daran ist das „eigentlich". Wer bestimmt in einer modernen, globalen Gesellschaft, wer „eigentlich" dazugehört? Wollen wir wirklich die Gene als Kriterium nehmen? Das Einkommen? Die Religion? Die sexuelle Orientierung? Die rechte Gesinnung? Sollen angsterfüllte deutschtümelnde Männer darüber entscheiden, wer mitmachen darf in unserer Gesellschaft? Nein.

Alle demokratischen Regelwerke der Welt, die viele Menschen mit ihrem Leben bezahlt haben, sehen als unverhandelbare Grundlage der Gesellschaft den Gleichbehandlungsgrundsatz vor. Niemand darf wegen Hautfarbe, Religion, Überzeugung ausgeschlossen werden. Exklusion meint „wertlos" und „rechtlos" und zeugt demnach von einer zutiefst undemokratischen Gesinnung, die in letzter Konsequenz immer im totalitären Staat endet. Das Drama der Exklusion geht aber noch weiter. Denn die Ausgeschlossenen entwickeln ihrerseits eine wachsende Ablehnung gegen die herrschende Gruppe.

Exklusion ist also eine sich selbst erfüllende Prophezeiung, mit Eskalationsgarantie.

Das Gegenteil der Exklusion ist die Inklusion oder auch Teilhabe. Unterschiede werden durchaus wahrgenommen, verlieren aber an Bedeutung im Vergleich zu den Gemeinsamkeiten. Das beste Beispiel für Inklusion wäre eine völlig selbstverständliche Barrierefreiheit für Rollstuhlfahrer, ob in Gebäuden, Bussen oder Hotels. Diese Inklusion, die Teilhabe aller an der Gesellschaft, ist allerdings keine Service-Leistung des Staates. Inklusion ist vielmehr eine Haltung aller Bürgerinnen und Bürger. Jeder Einzelne trägt zum Gelingen bei. Die allgemein akzeptierte Währung heißt: Sich anstrengen, sich Mühe geben, dabei sein wollen.

Mitmachen, das bedeutet für mich einen Alltags-Akt, der besonders einfach über Kultur funktioniert. Kultur, das ist eine niedrigschwellige Einladung für jeden, vom Familienvater am Grill bis zur kostümnähenden Mutter und dem Kind auf der Bühne. Außer dem Sport gibt es keinen anderen Bereich, der die Menschen leichter zusammenbringt und zusammenhält. Letztendlich ist es völlig egal, ob es um Schultheater geht, ein Rockkonzert oder irgendwelche experimentellen Happenings, deren Sinn sich mir auch nicht immer entschließt. Egal. Wichtig ist der Austausch.

Und da waren wir Berlinerinnen und Berliner schon immer weit voraus. Dass die deutsche Hauptstadt eine verheißungsvolle Zukunftsperspektive hat, liegt vor allem auch an der Kultur. Junge Malerinnen aus Osteuropa müssen sich hier ebenso wohlfühlen wie Kunstsammler aus Amerika, museumshungrige Touristen vom Lande ebenso wie Einwohner, die aus der ganzen Welt stammen. Unsere Offenheit, unsere Gelassenheit, die Breite zwischen Opulenz und spartanischer Klarheit ist eine ideale Bühne für gelebtes Miteinander. Wer immer seinen Mitmenschen signalisiert, dass er die angebotene Teilhabe auch nutzen mag, jeder nach seinen Möglichkeiten, der gehört zu unserem Team. Inklusion fördert die Anerkennung von anderen, das eigene Selbstwertgefühl, die Bereitschaft, sich verantwortlich für das gemeinsame Ganze zu fühlen.

Was theoretisch ziemlich einfach und überzeugend klingt, bedeutet in der täglichen Arbeit indessen ein ganzes Bündel von Herausforderungen: Migranten, Bildungsferne, Analphabeten – jeder einzelne steht vor Hürden, die sie oder er allein kaum überwinden kann. Der Erfolg des von vielen gelobten Forder- und Förder-Prinzips der skandinavischen Länder beruht auch darauf, das von Exklusion bedrohte Menschen eine Reihe von Angeboten bekommen, die ihnen den Weg oder Rückweg in die Mitmach-Gesellschaft erleichtern. Dieses Prinzip ist teuer und aufwendig.

Aber die Alternative ist nicht akzeptabel: Jeder, der ausgeschlossen ist, belastet sich und die Gesellschaft um ein Vielfaches: Der Einzelne und alle Menschen um ihn herum verarmen, in vielerlei Hinsicht. Armut bedeutet das Verschwinden von Energien, die früher einmal vorhanden waren. Genau diese Lähmung ist es, die mir Sorgen bereitet. Ob wir ausgeschlossene Menschen mit Gesetzen, Kürzungen oder Drohungen so einfach zurückgewinnen können, möchte ich sehr bezweifeln.

Integration braucht Mut zur Veränderung

Es ist verlockend und herrlich einfach, die Integrationsdebatte auf einen Kampf der Kulturen zu reduzieren. Derlei eingängige Sündenbock-Theorien hatten schon immer ihre grausame Faszination. Sie greifen aber zu kurz. Wir Sozialdemokratinnen und Sozialdemokraten wissen das. Wir wissen, dass Integration in erster Linie eine soziale Frage ist – und wir dürfen uns nicht entmutigen lassen, diesen Ansatz konsequent weiterzuverfolgen.

Wir dürfen nicht in eine Falle tappen, die uns die Neokonservativen gestellt haben. Widerspruchslos lassen wir uns bisweilen als „Gutmenschen" diskreditieren, benutzen diesen Begriff manchmal schon selbst, mal ironisierend, mal in vollem Ernst. „Gutmensch" meint, in den Augen der anderen, soviel wie „Weichei", „Träumer" oder schlimmeres. Fern der Tatsache, dass solche Kategorisierungen an der Realität vorbeigehen, dienen sie doch vor allem dazu, zu stigmatisieren und unterschwellig eine Botschaft zu transportieren: Wer sozial denkt, wer Minderheiten schützen will, wer sich um seinen Nächsten kümmert, der ist nach dieser Weltsicht nicht geeignet, die Probleme der Welt zu lösen, der kapituliert vor Terroristen und sieht angeblich zu, wie unsere sozialen Sicherungssysteme ausgebeutet werden und die Scharia bei uns einzieht.

Es ist aber Kern der Sozialdemokratie, das Gute zu wollen und dafür zu kämpfen. Wenn die anderen solche Begrifflichkeiten nutzen wollen, bitte sehr: Ich bin allemal lieber Gutmensch als Schlechtmensch. Ich glaube daran, dass gemeinsame Werte und Überzeugungen diese Welt besser machen können. Ich will nicht diskreditiert werden von angstgetriebenen Biedermännern und Biederfrauen, die unter sich bleiben möchten und alles verachten und verhöhnen, was ihre schmiedeeiserne Behaglichkeit gefährdet.

Ist „Mono-Kulti" etwa besser als „Multi-Kulti"? Ist „sozialstaatsgläubig" schlechter als „markthörig"? Sind wir gegen „Heimat und Familie", nur weil wir auch andere Lebensentwürfe tolerieren? Ja, wir Sozialdemokratinnen und Sozialdemokraten bauen auf das Gute im Menschen. Unsere Politik zielt darauf ab, auf andere zuzugehen, mit kritisch-wachem Blick die gesellschaftliche Realität anzuerkennen und zu gestalten. Integration fängt immer damit an, den anderen anzuerkennen, so wie er ist, sich gegenseitig zu respektieren und einander zuzuhören. Das können wir allemal besser als Konservative, die immer schon jede Antwort kennen, die tatsächlich glaubten, dass unsere Energieprobleme mit Laufzeitverlängerung von Atomkraftwerken beantwortet werden können, die die Pflege privatisieren, alles Fremde außerhalb des Landes schaffen und unsere demografische Delle mit dem Familien-Mantra bekämpfen wollen.

Sozialdemokratie ist immer dann gefragt, wenn es darum geht, die Versäumnisse konservativer Regierungen nachzuarbeiten. Das gilt für Deutschland und lässt sich auch in anderen Ländern Europas beobachten.

Integration ist so ein Politikfeld, bei dem man den Konservativen Komplettversagen vorwerfen muss, weil sie Integration ausschließlich auf Einwanderinnen und Einwanderer beziehen, die sie zudem zu oft als Fremdkörper gesehen haben und zu selten als das, was sie sind: Menschen. Wer zwei Generationen lang übersieht, dass ehemalige Gastarbeiter sich in Deutschland eines Tages zu Hause fühlen, wer Menschen aus anderen Ländern auf Kostenstellen reduziert, wer kein Verständnis dafür hat, dass Familien aus Anatolien anfangs Schwierigkeiten haben, sich mit einer offenen, demokratischen Gesellschaft zu arrangieren, der sollte sich nicht an zukunftsweisender Politik versuchen. Ich hatte gehofft, dass sich die Union inzwischen modernisiert hat. Dem scheint aber nicht so zu sein: Denn, dass heute immer noch Teile der Union im Vorgestern verhaftet sind, zeigt die unerträgliche Debatte anlässlich der Rede von Bundespräsident Christian Wulff am 3. Oktober 2010. Der Sturm der Entrüstung, der sich Bahn brach, nachdem der Bundespräsident die Selbstverständlichkeit ausgesprochen hatte, dass der Islam inzwischen wie Christentum und Judentum zu Deutschland gehöre, zeigt, dass die Union anders als ihr Bundespräsident, nach wie vor nicht in der Realität angekommen ist.

Für mich steht fest: Jeder, der hier wohnt, der hier arbeitet, gehört zu uns. Natürlich sind Muslime ein Teil Deutschlands und gehören zu diesem Land. Das ist eine Feststellung, der normalerweise kein Mensch widersprechen könnte. Knapp 4 Millionen Muslime leben hier. Sie stellen nach den Katholiken und Protestanten die größte Religionsgemeinschaft in unserem Land. Gesellschaftliche Teilhabe zu ermöglichen, bedeutet manchmal auch, Selbstverständlichkeiten auszusprechen. Bundespräsident Wulff hatte den Mut, das zu tun, obwohl er wusste, dass viele in seiner Partei das nicht goutieren. Dafür bin ich ihm dankbar.

Bildung und Arbeit – Anker für gesellschaftliche Integration

Ich bin weit davon entfernt zu behaupten, dass wir keine Probleme bei der Integration haben, dass alles in Ordnung ist. Das dauernde Wiederholen überkommener Stereotypen führt uns aber auch nicht weiter. Wir müssen die Tatsachen in den Blick nehmen: Die gesellschaftlichen Trennlinien verlaufen heute nicht primär entlang kultureller Besonderheiten, sie verlaufen vielmehr entlang sozialer Grenzen.

Mit der Sprache haben leider inzwischen nicht nur Einwanderinnen und Einwanderer, sondern auch Deutschstämmige ein Problem. Die Weichen werden im Elternhaus gestellt: Wenn sich dort keiner kümmert, wenn weder die Zeit noch die kulturelle Offenheit da sind, wenn zu Hause nicht gelesen und wenig gesprochen wird, dann zeigt das bei jedem Kind Auswirkungen auf den späteren Bildungsweg. Elterliche Fürsorge hat mit Religion und Ethnie wenig zu tun.

Bei Migrantenfamilien kommt es nicht einmal so sehr darauf an, ob Eltern über gute Deutschkenntnisse verfügen. Viel wichtiger ist das Bewusstsein, dass es wichtig ist für ihr Kind, die Sprache zu erlernen und zu beherrschen. Dieser Aufstiegswille ist entscheidend, egal ob in Familien deutscher oder ausländischer Herkunft. Eltern müssen ihrem Kind mitgeben, dass es eine Chance hat, wenn es sich anstrengt, dass dieses Land durchlässig ist für jeden, der nach oben will. Integration ist deshalb eng mit Teilhabe verknüpft. Der deutsche Arbeitslose, der nur Arbeitslosigkeit kennt, erlebt die Gesellschaft als ähnlich undurchlässig wie ein arbeitsloser Migrant oder eine arbeitslose Migrantin.

Die Schlüssel zur Integration sind Bildung und Arbeit. Es gibt nur wenige Menschen, die glücklich damit sind, nicht zu arbeiten und trotzdem ihr Selbstbewusstsein entwickeln. Arbeit bedeutet Teilhabe. Arbeit schafft Verdienst, Kommunikation, Austausch, Miteinander und vor allem Anerkennung. Anerkennung ist elementar. Denn selbst dort, wo Integration gelungen ist, bleiben Narben. Nicht wenige haben irgendwann Diskriminierung erfahren und sich trotzdem durchgesetzt. Die Heilkraft der Akzeptanz ist gewaltig. Das merkt man immer wieder an symbolischen Gesten – sei das ein Empfang bei der Bundeskanzlerin oder im Roten Rathaus. Solche Einladungen bekommen eine große Bedeutung. Anerkennung ist gelebte gesellschaftliche Teilhabe – wirtschaftlich, kulturell und politisch.

Das gesellschaftliche Signal, gerade der Sozialdemokratie, muss daher selbstbewusst lauten: Wir belohnen die, die sich anstrengen und die mitmachen wollen. Einen besonderen Fokus müssen wir dabei auf die Kleinsten aus den sozial schwächeren Milieus setzen. Dass Erfolge auf unseren Schulen und Universitäten so stark wie in kaum einem anderen westlichen Land von der sozialen Herkunft von Schülern und Studierenden abhängig sind, ist für mich ein sehr viel alarmierenderes Signal der PISA-Studien als Platz fünf oder sieben in einer Rangliste.

Wir wissen: Dort, wo genug Arbeit und Ausbildung angeboten wird, wo gute Löhne bezahlt werden, lösen sich viele Schwierigkeiten von ganz allein, auch manches Integrationsproblem. Wer über genügend finanzielle Mittel verfügt, der schafft es immer irgendwie bis zum Examen. Wenn dagegen zuhause alles knapp ist, dann haben es auch die größten Talente schwer. Die Bildungspolitik, die Willy Brandt und auch Johannes Rau als Ministerpräsident in Nordrhein-Westfalen vor 40 Jahren betrieben haben, braucht heute eine neue, aber mindestens so konsequente Entsprechung, schon aus ökonomischen Erwägungen. Wenn wir Sozialdemokratinnen und Sozialdemokraten überzeugt sind, dass Begabung nichts mit Herkunft zu tun hat, dann folgt daraus, dass in unseren sozial schwachen Vierteln Unmengen Talente schlummern, die aber nicht die Chance haben, sich zu entfalten. Hier gilt es, ein gigantisches Potenzial für unser Gemeinwesen zu heben.

Viele dieser herkunftsbedingten Probleme, mit denen wir heute konfrontiert sind, haben uns bereits in den 1970er-

Jahren beschäftigt. Damals wurde heftig über „Bussing" debattiert. Die Idee war, Kinder aus Problemkiezen per Bus in die besseren Viertel zur Schule zu bringen und umgekehrt, um eine soziale Durchmischung zu erreichen und eine Ghettobildung sowohl der Besser- als auch der Geringverdienenden zu verhindern. Auch Zuzugsbeschränkungen wurden vorgeschlagen. Interessante Ideen, die nicht wirklich umsetzbar sind.

Mit Blick auf die Schule ist auch das Thema Schwänzen ein Dauerbrenner. Gerne wird pauschal nach härteren Maßnahmen gerufen, wenngleich niemand konkrete Vorschläge unterbreitet außer vielleicht die, das Kindergeld zu streichen oder den Bußgeldkatalog zu erhöhen. Nur sollte man Maßnahmen immer bis zum Ende denken. Wenn Bußgelder aus der Sozialhilfe bezahlt werden, kommen wir an den Punkt, wo die Kinder verhungern, wenn wir abkassieren. Oder wir stecken die Kinder ins Heim. Wir sollten sehr präzise durchdeklinieren, ob Bußgelder tatsächlich segensreich wirken. Das Wohl des Kindes muss immer der Maßstab sein. Ich finde, Politik muss neue Ansätze suchen, um die gesellschaftliche Integration von Kindesbeinen an zu fördern. Da wir in Berlin überdurchschnittlich stark betroffen sind, haben wir das intensiv getan. Diese Maßnahmen werde ich später vorstellen.

Aber eines ist auch klar: Die Politik kann, die Politik muss die Angebote machen – und die Menschen müssen sie annehmen. Bildung war für meine Mutter, für viele Eltern in den Wirtschaftswunderjahren der einzige Weg, gesellschaftlichen Aufstieg zu schaffen. Bisweilen scheint mir, dass Bildung und Wissen heute nicht gerade als Makel, so aber doch als snobistisch wahrgenommen werden. Ich habe überhaupt nichts gegen Ghetto-Kultur, Hiphop oder gelungene Graffitis. Ich halte es aber für verhängnisvoll, wenn Rumhängen, Zudröhnen und Abziehen zur einzig akzeptierten Philosophie erklärt werden.

Der Nachwuchs braucht Vorbilder jenseits von Lethargie oder Gewalt. Erst wenn wir den ersten deutschen Nobelpreisträger für Natur- oder Wirtschaftswissenschaften feiern, der an einem sozialen Brennpunkt aufgewachsen ist, dann wissen wir, dass unsere Gesellschaft wieder so durchlässig geworden ist, wie sich das die Sozialdemokratie in ihren euphorischen Jahren gewünscht hat.

Ich will die früheren Zeiten bestimmt nicht idealisieren, aber ich meine schon, dass der Hunger der jungen Leute, der Wille zum gesellschaftlichen Aufstieg vor 20, 30 Jahren etwas stärker ausgeprägt war. Im Notaufnahmelager Marienfelde landeten zum Beispiel täglich neue Um- und Aussiedler aus Polen und der Ukraine. Deren Kinder mussten wir in Lichtenrade integrieren, ohne dass die Kleinen ein Wort Deutsch konnten. Mich hat die Motivation dieser Leute sehr beeindruckt, die mit aller Kraft den Ein- und Aufstieg in unserer Gesellschaft erreichen wollten. Viele dieser Menschen waren aus dem Holz meiner Mutter geschnitzt. Ein wichtiges Merkmal war ihre Bereitschaft zur Veränderung.

Diesen Mut und Willen zur Veränderung brauchen wir auch heute wieder, denn damals wie heute ist und bleibt Bildung der Schlüssel für mehr Aufstiegschancen. Bildung fördert den Willen und die Einsicht in die Notwendigkeit zur Integration gerade dort, wo er verloren gegangen ist. Dieser Grundsatz gilt für alle Generationen, Kulturen, Religionen und Weltanschauungen.

Es wird aber noch Jahre dauern, bis wir die Voraussetzungen gerade in den Problemkiezen verbessert haben, aber wir brauchen den Mut, Reformen anzupacken und gemeinsam durchzustehen. Die deutsche Sozialdemokratie muss hier vorangehen. Dieser Weg wird kein leichter sein, weil wir wissen, dass der Staat nicht jedes Problem lösen kann. Verhaltensauffälligkeiten, Konzentrationsschwäche, Übergewicht, Kinder, die ohne Frühstück oder ohne Schreibzeug zur Schule kommen – all diese Verwahrlosungs-Phänomene nehmen zu, selbst in ökonomisch intakten Milieus. Zugleich erhöhen leistungsbewusste Eltern den Druck auf die Lehrerschaft. Herrschte früher eine gewisse pädagogische Gelassenheit, sehen sich Lehrerinnen und Lehrer heute oft mit extremen Phänomenen wie Verwahrlosung und Über-Fürsorge konfrontiert. Die Ausgangssituationen der Kinder und die Erwartungshaltungen an die Kinder sind dabei breit gefächert.

Ein behütetes und von Babybeinen an „durchtrainiertes" Kind und ein in Verwahrlosung aufgewachsener Sechsjähriger liegen bei der Einschulung um bis zu zwei Jahre auseinander. Wir Sozialdemokratinnen und Sozialdemokraten haben den Anspruch, alles dafür zu tun, damit diese gewaltigen Unterschiede angeglichen werden – und zwar so früh wie möglich, ohne dass eines der beiden Kinder um seine Chancen gebracht wird. Mit unserer im Bundesvergleich erstklassigen Betreuung von Kleinkindern hier in Berlin versuchen wir, solche Ungleichheiten von Anfang an zu beheben. Wir tun aber noch viel mehr.

Berlin geht voran

In großen Städten zeichnen sich gesellschaftliche Trends frühzeitig ab. Das gilt für die Herausforderungen ebenso wie für die Chancen. Das ist auch der Grund, warum ich glaube, dass man von der Millionenmetropole Berlin gerade bei der Frage der Integration viel lernen kann.

Nehmen wir die Bildungspolitik. Meine Regierung ist sich der riesigen Herausforderungen bewusst und hatte deshalb auch den Mut, grundlegende Reformen in Angriff zu nehmen. Wir wissen, Reformen, gerade im Bildungsbereich, brauchen ihre Zeit – und Irrwege sind nicht immer auszuschließen. Wir haben uns aber auf diesen Weg gemacht. Ich habe großen Respekt vor der Arbeit, die unser ehemaliger Bildungssenator Jürgen Zöllner in den vergangenen Jahren geleistet hat. Er ist einer der profiliertesten Experten und war ein Gewinn, als er 2006 von Rheinland-Pfalz zu uns nach Berlin kam.

Jürgen Zöllner kämpfte für eine moderne Bildungspolitik, die nicht mit der Gießkanne arbeitet, sondern genau evaluiert, welche Maßnahmen wirklich erfolgreich sind und wo unsere Erwartungen nicht erfüllt werden. Wir haben gelernt, dass Reformen viele Leute, auch in der Verwaltung, oftmals verunsichern. Daher haben wir inzwischen auch den Mut zur Geduld entwickelt. Das richtige Maß zwischen entschlossenem Handeln und besonnenem Abwarten wird von einer zunehmend ungeduldigen Öffentlichkeit oftmals nicht erkannt. Und eines gilt ohnehin immer: Man könnte noch mehr machen.

Auch die beste Politik hat nach wie vor mit hartnäckigem gesellschaftlichem Dünkel zu kämpfen. Noch heute gilt, was schon zu meiner Schulzeit Realität war: Der soziale Status war für die Lehrer ein wichtiges Merkmal für die Schulempfehlung. „Nicht gut genug fürs Gymnasium" hieß es bei mir. Nur langsam begriff ich, dass „gut genug fürs Gymnasium" nicht nur die Leistung, sondern auch den sozialen Stand meinte, die Klamotten, die Herkunft, das Auto – Prestige.

Meine Mutter tobte. Jetzt erst recht, sagte sich Hertha. „Ist doch egal, ob die anderen Kinder von Apothekern oder Kaufleuten sind", sagte sie. „Ich mache eben den Dreck dieser Leute weg. Das ist auch wichtig." Ihr Selbstbewusstsein in allen Ehren. Aber die erste Zeit auf der Ulrich-von-Hutten-Oberschule fühlte ich mich trotzdem unwohl und beobachtet. Es dauerte aber nicht lange, bis ich mir meinen Platz in der Klasse erkämpft hatte. Zum stillen Außenseiter war ich nicht geboren. Was mir zusätzlich Respekt in der Klasse verschaffte, war der Umstand, dass ich mich weigerte, Ungerechtigkeiten zu akzeptieren.

Mein älterer Bruder Achim hätte auch das Zeug gehabt zu studieren. Schlau genug war er. Nach den Bildungsreformen von Willy Brandt wäre es ihm durchaus möglich gewesen. Aber zu seiner Zeit war es praktisch unmöglich. Achim litt unter dem Fluch der frühen Geburt. Während meines Studiums war mir immer klar, welch ein Privileg der besseren Stände die Bildung damals gewesen sein musste. Und so ist es heute, trotz aller Bildungsreformen, leider wieder. Wer in Armut aufwächst, der hat es schwer, ihr zu entkommen.

Wir in Berlin haben daraus unsere Lehren gezogen und konsequent umgesteuert. Wir sind dabei, den Rahmen zu schaffen, damit Ein- und Aufstiege besser gelingen können.

Der Senat bekämpft Armut so gut er kann. Der neue Sozial-struktur-Atlas ermöglicht es uns, die Mittel in besonders hart betroffene Stadtteile zu lenken. Die gebührenfreie Kita hilft, mehr Kinder aus sozial schwachen Familien an frühkindlicher Bildung teilhaben zu lassen. Das neue Präventionsgesetz erlaubt es, direkt in der Kita oder in der Schule die Gesundheits-erziehung zu verbessern. Das Erlernen der deutschen Sprache wird hier bereits sehr früh und breit gefördert. Das ist wichtig, denn schon bald wird die Mehrheit der Kinder unter fünf Jahren ausländische Wurzeln haben. Unsere Stadt wird internationaler. Wir dürfen nicht den Fehler der Kohl-Jahre machen, als diese demografischen Entwicklungen schlicht ignoriert wurden. Inzwischen hat fast jeder fünfte Auszubildende in der Berliner Verwaltung den sogenannten Migrationshintergrund, und jeder siebte der Neueingestellten in den Landesbetrieben. Dort, wo Menschen Arbeit haben, wird Integration eine Erfolgsgeschichte.

Vor allem hat unsere Schulpolitik reagiert. Mit 60 Millionen Euro erhalten über die Hälfte aller unserer Schulen Mittel für die Sprachförderung. Dass Sprachförderung hilft, zeigt sich zum Beispiel an den sinkenden Schulabbrecherquoten bei ausländischen Jugendlichen: Diese sind von 2003 bis 2009 von 25,9 Prozent auf 16,4 Prozent gesunken. Dieser Wert ist natürlich immer noch viel zu hoch, aber es zeigen sich deutliche Fortschritte. Unsere Schulstrukturreform – mit der Schaffung der Sekundarschule als Zusammenlegung von Haupt- und Realschule – ist vor allem ein Integrationsgesetz. Die neue Sekundarstufe schafft Chancen gerade für diejenigen, die bisher zu den Verlierern zählten.

Gleichzeitig setzen wir auch klare Regeln und Grenzen dort, wo sie nötig sind. Berlin gilt deutschlandweit als Vorreiter im Kampf gegen die Jugendkriminalität. Basierend auf dem „Neuköllner Modell" der verstorbenen Jugendrichterin Kirsten Heisig haben wir beschleunigte Verfahren für jugendliche Täter entwickelt, die keine zu hohen Strafen zu erwarten haben. Jugendliche müssen die Konsequenzen ihrer Tat möglichst schnell spüren. Deshalb finden Gerichtsverhandlungen in Berlin oft innerhalb von drei Wochen nach der Tat statt.

Wir haben für eine intensive Kooperation von Polizei, Staatsanwaltschaft und Gerichten gesorgt. Die Abteilung 47 der Berliner Staatsanwaltschaft kümmert sich intensiv um jugendliche Serientäter. Deren Zahl sinkt seit drei Jahren ebenfalls. Und dort, wo Eltern ihrer Fürsorge-Pflicht nicht nachkommen, muss der Staat eingreifen. Deshalb gibt es die Heimbetreuung für straffällig gewordene Kinder – in ihrem Interesse.

Unsere Politik in Berlin folgt dem Ziel einer engen Verzahnung von Bildungs-, Sozial- und Integrationspolitik. Das ist für uns der Kern dessen, was wir unter „Soziale Stadt" verstehen. Wir haben mit unserem Quartiersmanagement gezeigt, dass es sich lohnt, Viertel zu stabilisieren, die entweder schon sozial gekippt sind oder zu kippen drohen. Unsere Solidarität gehört den Quartiersmanagerinnen und -managern, die den ganzen Tag daran arbeiten, dass ein Kiez wieder eine vernünftige Mischung bekommt. Deshalb hat Berlin die Kürzungen der Bundesregierung bei der Städtebauförderung und dem Programm „Soziale Stadt" kompensiert. Das war alternativlos. Es kann nicht angehen, dass Teile der Bundesregierung die Menschen zu mehr Integration aufrufen und dann die Mittel entziehen, mit denen zentrale Anlaufstellen für Integration geschaffen werden. Und es kann auch nicht sein, dass eine Bundesregierung den Kommunen durch solche Kürzungen immer mehr Bürden aufhalst, ihnen jegliche Gestaltungsmöglichkeiten entzieht und so den sozialen Frieden gefährdet. Integration findet vor Ort statt, und sie geht nicht von selbst. Integration bedarf auch ausreichender finanzieller Mittel.

Um Integration erfolgreich zu gestalten, muss man viele Stellschrauben im Blick haben. Ich wundere mich immer wieder über die klugen Ratschläge für verbesserte Integrationsmaßnahmen, sobald es öffentliche Aufregung gibt, zum Beispiel an der Rütli-Schule. Vor laufenden Kameras wissen plötzlich alle, was 30 Jahre lang schief gelaufen ist, und vor allem, was sich sofort ändern muss. Es ist mir darüber hinaus wichtig, festzuhalten: Politik kann vieles machen, aber sie kann nicht alles reparieren, was zu Hause oder in anderen Bereichen der Gesellschaft schiefläuft. Hier trägt die gesamte Gesellschaft Verantwortung. Integration funktioniert, wenn wir zusammenarbeiten und jeder sich ein wenig mehr anstrengt. Integration ist eine Leistung, die sich lohnt, für uns alle. Integration muss man wollen. Dafür muss die ganze Gesellschaft eine entsprechende Haltung einnehmen und leben.

Eine Stadt mit Haltung

Fortschritt bedeutet stets Veränderung. Keine Stadt in Deutschland hat sich in den vergangenen 20 Jahren so verändert wie Berlin. Für die ganze Geschichte dieser Stadt gilt: Die Zusammensetzung der Berliner Bevölkerung war permanenten Veränderungen unterworfen. Berlin war immer in Bewegung. Hat sich die Stadt deswegen abgeschafft? Im Gegenteil: Wir haben immer neue Ideen und Impulse bekommen und, ja, auch neue Probleme, die wir mit aller Kraft versuchen zu lösen. Aber die Erfolge überwiegen die Sorgen bei weitem.

Wer in die Geschichte Berlins eintaucht, der sieht: Diese Stadt war schon immer ein Integrationsgebiet. Bereits im 6. Jahrhundert zur Zeit der großen Völkerwanderungen mussten sich im Brandenburgischen die alten Germanen, die nicht mit auf die Wanderung gegangen waren, mit den neu hinzugezogenen Slawen arrangieren. Die Gründung Berlins bedeutet die erste große Integrationsleistung. Denn zwei Dörfer, Alt-Berlin und Alt-Cölln, Niederlassungen von deutschen Kaufleuten und Handwerkern links und rechts der Spree, vereinen sich zur Doppelstadt Berlin/Cölln, die im Jahr 1237 erstmals urkundlich erwähnt wird. Kooperation, so wusste man schon damals, ist schlauer als Konfrontation. Markgraf Hermann der Lange bestätigt 1307 den Zusammenschluss zu einer „Union", zu der nun auch Marienwerder gehörte.

Über 300 Jahre später kamen hugenottische Flüchtlinge aus Frankreich. Ihre Nachfahren sind heute noch an Namen wie de Maizière oder Sarrazin zu erkennen. Das Elend war groß, Spendengelder reichten nicht, also ordnete der Kurfürst eine Zwangsabgabe an. Die Berliner murrten. Sie mochten die Neuen nicht: ungewohntes Aussehen, unverständliche Sprache, eine seltsame Religion. Außerdem wurden Wohnraum und Lebensmittel knapp, die Preise stiegen. Die Menschen sahen die eigene berufliche Existenz in Gefahr und neideten den Zugereisten ihre Privilegien. Die Zünfte verweigerten die Aufnahme der Fremden, es gab Brandstiftungen und eingeschlagene Fensterscheiben.

Aber die Stimmung beruhigte sich: Die Alteingesessenen gaben ihre Ablehnung langsam auf – man erkannte an, dass die Neuen mehr Vor- als Nachteile mit sich brachten. Berlin fand Geschmack an Weißbier, Bouletten, Spargel und feineren Salaten. Die ersten, sehr beliebten Gartenlokale wurden um 1750 in der Nähe des Brandenburger Tores von den Hugenotten eröffnet. Unter den Neu-Bürgern waren erfahrene Landwirte, Gärtner und Handwerker, Spezialisten eben, die neue Fertigungstechniken mitbrachten. Eine Vielzahl von Hugenotten machte sich um die Entwicklung von Kultur und Wissenschaft im aufblühenden Preußen verdient.

Die größte Integrationsleistung erbrachte Berlin wohl im 19. Jahrhundert. 1830 zählte die Stadt noch 247 500 Einwohner. 1877 war Berlin bereits Millionenstadt. 1905 lebten 2 Millionen Menschen hier. Neue Siedlungen in den Außenbezirken vergrößerten das Stadtgebiet. Mietskasernen entstanden, die Einwohnerdichte wuchs rapide. Zugereiste und zugezogene Fabrikarbeiter, Tagelöhner, Eisenbahnbauarbeiter, Dienstboten, deren Familien und Kinder galt es zu integrieren. Es ist anzunehmen, dass unsere Probleme heute weit weniger dramatisch einzuschätzen sind, zumal die sozialen Unterschiede damals deutlich größer waren, während das Angebot bei Bildung und Gesundheit deutlich schlechter gewesen ist.

Ethnische Streitereien waren an der Tagesordnung, auch Kriminalität gab es, und nicht zu knapp.

Integration war für Berlin nie Phase, sondern immer eine Daueraufgabe. Anfang der 1920er-Jahre fanden 360 000 Russen in Berlin Asyl: Sie waren vor der Revolution geflohen. Vor allem Dichter, Publizisten, Verleger und Theatermacher residierten in den Cafés rund um die Gedächtniskirche, verlegten Bücher, gründeten Kleinkunstbühnen und prägten das kulturelle Leben Berlins in jenen Jahren entscheidend mit – bevorzugt in den Bezirken Charlottenburg, Schöneberg und Wilmersdorf. Nach dem Zweiten Weltkrieg nahm die Stadt etwa 150 000 Vertriebene auf. 1,5 Millionen deutscher Flüchtlinge aus den Gebieten östlich von Oder und Neiße hatten allein 1945 die Durchgangslager Berlins passiert.

In den 1960er- und 1970er-Jahren folgten dann die Einwanderer und Einwandererinnen, die Deutschland mit den Anwerbeabkommen gezielt gewinnen wollte. Allein der Anteil der türkischstämmigen Bevölkerung Berlins macht deutlich, wie stark sich die Bevölkerungsstruktur der Stadt in dieser Phase veränderte. Im Jahr des Mauerbaus, 1961, als der Berliner Arbeitsmarkt kräftig durcheinandergewirbelt wurde und plötzlich viele Arbeitskräfte fehlten, zählte Berlin gerade mal 284 Türkischstämmige. 1966 waren es bereits 5696 – auch weil Berliner Firmen wie Siemens in dieser Phase intensiv ausländische Arbeiterinnen und Arbeiter angeworben haben. Fünf Jahre später lebten bereits 54 000 und 1973 dann 80 000 Türken in Berlin. Heute leben etwa 175 000 türkischstämmige Bewohnerinnen und Bewohner in Berlin, von denen rund 45 Prozent eingebürgert sind.

Diese bewegte Einwanderungsgeschichte Berlins wird seit kurzem durch die Berliner Route der Migration anschaulich dokumentiert. In diesem für Deutschland einmaligen Projekt haben Expertinnen und Experten aus Wissenschaft, Museen und Verwaltung sowie freie Künstler aus dem Ballhaus Naunynstraße Erinnerungsorte der Einwanderung identifiziert und für ein breites Publikum zugänglich gemacht. Die Routen zeigen: Berlin ist Migration.

Berlin ist eine gigantische Integrationsmaschine: Menschen aus 190 Nationen finden hier ihr Zuhause, über hundert Sprachen werden gesprochen und noch mehr Kulturen gelebt. Das geht, weil wir veränderungsbereit sind. Das geht, weil wir weltoffen sind. Berlin reizt und Berlin ist reizvoll. Diesen Reiz haben wir ganz entscheidend unserer Integrationskraft zu verdanken, denn nur so konnten neue Ideen Fuß fassen. Reich an Geld war Berlin nie, aber reich an Ideen, reich an Kreativität, reich an zupackenden, hart arbeitenden Menschen aus aller Welt, reich an Chancen, an Humor, an guter Bildung, an einer einzigartigen Vielfalt der Kulturen. Ja, Berlin ist durch Einwanderung reicher geworden.

Ich habe mein Leben lang in Berlin gelebt. Für mich war der Wille zur Veränderung immer ein wesentliches Merkmal dieser Stadt, die Offenheit für Neues, die Neugier auf das Andere, Unbekannte. Es macht den Reiz und die Faszination großer Städte aus, dass sie immer wieder Neues aufnehmen und verarbeiten.

Heute zieht Berlin erneut Menschen aus aller Welt an. Insbesondere Junge und Kreative schätzen das Unreglementierte und Offene dieser Stadt. Sie finden es befreiend, dass hier noch nicht alles festgelegt und noch vieles möglich ist. Sie schätzen an Berlin, dass man mitgestalten und sich entfalten kann. Und sie genießen vor allem, dass man hier einfach so sein kann wie man ist – vielleicht das größte Lob, das man einer Stadt machen kann.

So ist weiterhin davon auszugehen, dass für Berlin auch in den kommenden Jahrzehnten mit einem hohen Bevölkerungsaustausch zu rechnen ist. Eine Entwicklung, die die Stadt dynamisch und attraktiv hält, sie aber auch immer wieder vor neue Herausforderungen stellt.

Trotz des Umstandes, dass mancherorts in der Stadt Debatten über den Zuzug von Schwaben nach Mitte und Prenzlauer Berg oder über Touristen in Kreuzberg geführt werden, gilt:

Berlin hat in seiner Geschichte gelernt, dass eine erfolgreiche Stadt die Fähigkeit besitzen muss, Neue und Neues zu integrieren. Berlin hat hier einen Mentalitätswechsel geschafft, der andernorts noch stattfinden muss. Berlin hat die Haltungsfrage beantwortet und sich dadurch einen ganz entscheidenden Standortvorteil für eine positive wirtschaftliche und touristische Entwicklung erarbeitet: Wir wollen eine offene und tolerante Stadtgesellschaft sein, in der Talente eingebracht werden und Ideen und Innovationen verwirklicht werden können. Wir stehen mit unserer eigenen Berliner Art für Gastfreundschaft und sind froh, dass Thilo Sarrazin in den vergangenen zehn Jahren nicht unser oberster Tourismus-Werber war, denn sonst hätten wir die Zwanzig-Millionen-Marke bei den Übernachtungen sicher nicht geknackt. Hier ist jeder willkommen, der unsere Regeln und Gesetze achtet, wir wollen jeden mitnehmen auf den Weg in die Zukunft. Ein solcher Konsens mit der Mehrheit der Bevölkerung, eine solche Haltung ist nicht gering zu schätzen. Berlin hat hier Modellcharakter.

Vielfalt zu akzeptieren und Realitäten anzuerkennen, sind die zentralen Vorraussetzungen, um eine moderne und offene Gesellschaft gestalten zu können, die auf Anerkennung und Respekt gegenüber dem Einzelnen und sozialem Zusammenhalt basiert. Für eine solche integrierende Gesellschaft will ich mit aller Kraft werben, weil sie gut für unser Land ist. Dieses Gesellschaftsmodell ergänzt durch unseren sozialdemokratischen Weg, herkunftsbedingte Benachteiligungen durch Teilhabe an Bildung, Qualifizierung und guter Arbeit bei gerechten Löhnen zu überwinden, entspricht meinen Vorstellungen für das Deutschland des 21. Jahrhunderts. Diesen Weg auch gegen Widerstände fortzusetzen, bedeutet den Mut zur Integration zu haben.

Zur Lage in Deutschland: Realitäten anerkennen

Auswege aus einer veralteten Debattenkultur

Deutschland hat sich verändert in den vergangenen 50 Jahren. Das sieht man zuallererst in den großen Städten. Ein Gang durch die Oranienstraße in Berlin-Kreuzberg oder über den Steindamm in Hamburg-St.Georg zeigt deutlich: Die deutschen Großstädte sind geprägt von einer enormen Vielfalt der Kulturen, der Lebensstile, der Hautfarben und der religiösen Bekenntnisse.

Die Zusammensetzung der Berliner oder der Hamburger Bevölkerung spiegelt eine gesellschaftliche Realität wider, die sich an vielen Orten Deutschlands beobachten lässt: Unser Land ist in den vergangenen Jahrzehnten vielfältiger geworden. Es ist geprägt von Einwanderung und damit von andauernden, erfolgreichen und ganz selbstverständlichen Prozessen der Inklusion und Integration.

Diese gesellschaftliche Realität muss man sich vergegenwärtigen, wenn man Politik machen, wenn man unsere Gesellschaft gestalten will. In Deutschland leben etwa 16 Millionen Menschen mit sogenanntem Migrationshintergrund. Dabei sind die rund 10 Millionen Flüchtlinge aus den ehemaligen deutschen Ostgebieten, die nach dem Zweiten Weltkrieg bis Ende der 1940er-Jahre in den Westen kamen, nicht mitgezählt.

16 Millionen Menschen von knapp 82 Millionen Einwohnern Deutschlands – das entspricht einem Anteil von fast 20 Prozent. In den großen Städten wie Stuttgart, Frankfurt/Main, München oder Hamburg liegt der Anteil der Bevölkerung mit Migrationshintergrund höher – teilweise sogar bei bis zu 40 Prozent. Deren Wurzeln sind ebenso vielfältig: So hat sich in den vergangenen 25 Jahren die Anzahl der Herkunfts-

länder, aus denen Menschen eingewandert sind, vervielfacht. In den meisten großen deutschen Städten leben Menschen aus 150 und mehr Nationen, es werden unzählige Sprachen gesprochen und kulturelle Traditionen gepflegt. Die Migrationsforschung bezeichnet dieses Phänomen seit einigen Jahren als Hyperdiversität, ein sperriger Begriff, der aber das Ausmaß der Vielfalt im heutigen Westeuropa unterstreicht.

Besonders stark ist diese grundlegende demografische Veränderung in der jüngeren Generation zu spüren. In der Altersgruppe der unter 25-Jährigen haben deutlich mehr als ein Viertel ausländische Wurzeln. Tendenz weiter steigend. In einigen Stadtteilen Berlins wie Kreuzberg, Wedding oder Nord-Neukölln, hat sich das klassische Verhältnis von Mehrheits- und Minderheitsgesellschaft bei Kindern und Jugendlichen bereits umgedreht. Am Kreuzberger Oranienplatz oder im Neuköllner Reuterkiez kommen inzwischen 70 Prozent der jungen Menschen bis 18 Jahre aus Einwandererfamilien. Sie bilden die große Mehrheit in einer von Vielfalt geprägten Gesellschaft.

Ich liste diese Zahlen hier auf, um deutlich zu machen: Deutschland ist eine multikulturelle Gesellschaft, und sie wird es bleiben. Es mag sein, dass dies nicht alle begrüßen, aber es gehört schon eine gehörige Portion Realitätsverweigerung dazu, diese Tatsache grundsätzlich anzuzweifeln, so wie es von manchen politisch Verantwortlichen immer mal wieder versucht wird. Die Gründe für dieses Verharren Einiger in der Vergangenheit will ich mit Hilfe eines kurzen Rückblicks skizzieren, um bestimmte Diskussionen besser nachvollziehbar zu machen.

Diejenigen, die die Begrifflichkeit Multikulturalismus immer noch als eine Art Kampfbegriff in die politische Diskussion einstreuen, sind aus der Zeit gefallen. Seinen Ursprung hat die Diskussion in Kanada. Es war der US-kanadische Soziologieprofessor Charles Hobart, der den Terminus erstmals 1964 verwendete. Vorausgegangen war dieser Begriffssetzung eine von Bildungsforschern und Pädagoginnen und Pädagogen geführte Debatte in den 1950er- und 1960er-Jahren, in der eine stärkere Berücksichtigung der ethnischen und religiösen Herkunft der kanadischen Schulkinder in den Lehrplänen gefordert wurde, indem diese um andere kulturelle Lebenshintergründe erweitert werden sollten. Bildung sollte sozusagen multikulturell werden. Über Jahre hinweg blieb dieser multikulturelle Bildungsansatz im Verborgenen. Er beschäftigte nur einige akademische Bildungsforscher und der Begriff und die damit verbundenen Wertvorstellungen wurden allgemein akzeptiert.

Dies wurde in dem Moment anders, als sich in vielen westeuropäischen Ländern der Blick auf die gesellschaftliche Bevölkerungsstruktur änderte. So erlebte der Begriff in Deutschland seine erste Konjunktur in den 1980er-Jahren. Er wurde von Teilen der Politik mit gesellschaftlichem Sprengstoff versehen und als Kampfbegriff eingesetzt. Jetzt bedeutete Multikulturalität plötzlich, dass sich die deutsche Gesellschaft durch Einwanderung und durch politische Flüchtlinge grundlegend verändern würde.

Die Hintergründe waren klar: Italienische, spanische, portugiesische, jugoslawische und griechische Einwanderer hatten zunächst in den Fabriken ihr Auskommen als Gastarbeiter gefunden. Später gründeten mehr und mehr Einwanderer kleine Läden und Restaurants. Viele hatten sich entschieden, in Deutschland zu bleiben. Hinzu kam die verstärkte Einwanderung von Menschen aus dem türkischen Staatsgebiet. Ihnen wurde zumeist Wohnraum in großstädtischen Ballungsgebieten zugewiesen. In Berlin beispielsweise vorrangig in grenznahen Bezirken zur DDR wie Kreuzberg und Neukölln, die günstigen Wohnraum boten. Später kamen weite Teile der Bezirke Wedding, Tiergarten und Schöneberg hinzu. In diesen Bezirken baute sich die türkische Bevölkerung nach und nach ihre eigene Versorgungsstruktur auf. Kulturelle Vielfalt, die bereits damals längst Realität war, wurde vermehrt im Straßenbild sichtbar. Mit der EU-Erweiterung um Spanien und Portugal im

Jahre 1986 wuchs in der Bevölkerung abermals die Sorge vor einer neuen Welle von Einwanderung.

Lange Zeit war Migration in Deutschland überhaupt kein Thema gewesen. Die Einwandererfamilien ließen über Jahre hinweg die Deutschen in Ruhe und die Deutschen wussten umgekehrt vielfach nicht wie sie politisch, kulturell, mental und emotional mit den Einwanderern, die dann zum Teil deutsche Staatsbürger wurden, umgehen sollten. Über Schwierigkeiten im Zusammenleben, über fehlende deutsche Sprachkenntnisse, über Integration im Allgemeinen, über die Rolle der Frauen, über Zwangsheiraten – über all diese Themen wurde lange nicht gesprochen. Problematische Strukturen nicht wahrzunehmen, war sozusagen die eine Seite, wie mit der neuen kulturellen Vielfalt und ihren Implikationen umgegangen wurde. Nachträglich betrachtet sicherlich ein großer Fehler. Denn dies bedeutete unter anderem auch, dass Probleme, die die sogenannten „Gastarbeiter" als Zuwanderer in ihrem neuen Heimatland hatten, nicht thematisiert und angegangen wurden. Das Erlernen der deutschen Sprache war unter den herrschenden gesellschaftlichen Bedingungen sehr schwierig. Auf den Punkt brachte dies neulich eine 60-jährige Einwanderin: „Wie sollten wir die deutsche Sprache erlernen? – Wir mussten arbeiten".

Gleichzeitig gab es aber schon, insbesondere in der Kommunalpolitik, erste Ansätze und Bemühungen, die neuen multikulturellen Verhältnisse auch politisch zu gestalten. So wurden auf Betreiben der SPD und der Grünen in vielen Städten die ersten Dezernate für multikulturelle Angelegenheiten eingerichtet.

Mit dem Aufkommen der Grünen zu Beginn der 1980er-Jahre nahm die gesellschaftliche Debatte über die multikulturelle Gesellschaft richtig Fahrt auf. Die Grünen sahen in der kulturellen Vielfalt eine ausschließlich segensreiche Wirkung. So richtig der von der links-liberalen Öffentlichkeit gestützte Ansatz war und ist, jegliche Form von Rassismus und Ausländerfeindlichkeit strikt zurückzuweisen und eine bunte und freiheitliche Gesellschaftsordnung zu schaffen, in der unterschiedliche kulturelle Lebensweisen und Lebensorientierungen gelebt werden können, so falsch war es, die tatsächliche gesellschaftliche Realität nicht wahrnehmen zu wollen. Schwierigkeiten wurden ignoriert. Mit skeptischen Einwänden wollte man sich nicht auseinandersetzen. Die Realität ist aber nun mal komplex. Nicht jede Kritik ist gleich rassistisch zu verstehen, nicht jeder Einwanderer ist heilig und will den ganzen Tag in seiner Nationaltracht Folklore aufführen. So war es dieser Absolutheitsanspruch, der die Gemüter erregte. Viele fühlten sich überfahren. Die Gegenbewegung war vorprogrammiert. Fortan hatte Deutschland seine Debatte über das Pro und Contra einer multikulturellen Gesellschaft. Eine solche Debatte war einerseits notwendig, wenngleich festzuhalten bleibt, dass sie sich bereits damals in der Regel in Überschriften, theoretischen Ansätzen und gegenseitigen Schuldzuschreibungen erschöpfte. Während die einen „Ausländer raus"-Parolen riefen, war an vielen Hauswänden das Graffiti „Liebe Ausländer, lasst uns mit diesen Deutschen nicht alleine" zu lesen. Die Realität des Zusammenlebens, die tatsächlichen Chancen und Herausforderungen wurden nicht in Augenschein genommen. Die gesellschaftlichen Fronten prallten aufeinander – zwei Lager waren entstanden und das Traurigste dabei: Die Einwanderinnen und Einwanderer wurden zum Spielball einer polarisierten deutschen Gesellschaft. Dieses Muster sollte die Diskussion noch viele Jahre prägen und tut es im Übrigen auch heute noch viel zu oft.

Wenn heute über Multikulturalität und Integration diskutiert wird, treffen wir immer wieder auf diese beiden Pole, während interessanterweise viele Einwanderinnen und Einwanderer diese „deutsche Debatte" oft als befremdlich betrachten. Selbstbewusst machen sie deutlich, dass sie sich als Teil Deutschlands sehen und keinerlei Interesse daran haben, sich mal wieder zum Spielball machen zu lassen. Es sind nicht Wenige, die selbstbestimmt und selbstbewusst ihren Beitrag zur Debatte leisten. Sie wollen sich weder bemuttern noch beschimpfen lassen. Hier hat in den vergangenen Jahren ein bemerkenswerter Emanzipationsprozess bei großen Teilen der ehemals Eingewanderten und ihrer Kinder stattgefunden. Eine Entwicklung, auf die unser Land stolz sein kann. Aber dennoch zeigt sich bei Integrationsdebatten immer wieder: Die alten Reflexe funktionieren weiterhin.

So wird immer wieder propagiert: Multikulti sei tot. Richtig ist sicherlich, dass sich manche Ideen des problemlosen Miteinanders von Einheimischen und Eingewanderten nicht als tragfähig erwiesen haben. Dazu gehört die Vorstellung, dass alle Einwanderer gute Menschen sind, die es schwer genug haben. Einwanderer und Einwanderinnen sind weder bessere noch schlechtere Menschen. Natürlich haben auch sie ihre Egoismen und sind auf Vorteile bedacht.

Im Eiferertum um Multikulturalität überbieten sich nach wie vor beide Lager und tragen so keinen Deut dazu bei, das Thema lösungs- und chancenorientiert zu betrachten. Beide übersehen, dass es mehrere, gleichzeitig ablaufende Integrationsprozesse gibt – mit unterschiedlichen Ergebnissen: Es gibt vielfach gelungene Integration, es gibt auch Formen misslungener Integration, es gibt Integration, die in einem Lebensbereich erfolgreich ist, aber in anderen Lebensbereichen als unzureichend bezeichnet werden muss. In jedem Fall ist Integration individuell zu betrachten und nicht generalisierend über die Köpfe derer hinweg, um die es eigentlich geht.

Den gegenseitigen Überbietungsansprüchen von Hysterikern und Missionaren beider Lager ist mit Wirklichkeitsverstand entgegenzutreten. Notwendig ist der Schritt zurück, um sich daran zu orientieren, wie die vorzufindende Wirklichkeit verbessert und positiv verändert werden kann. Aus diesem Grund plädiere ich für einen pragmatischen Ansatz, der aus meiner Sicht ein fortschrittlicheres Denken beinhaltet, als sich in Lagerkämpfen über die multikulturelle Gesellschaft aufzureiben.

Dieser Blick auf die Realität zeigt zum Beispiel, dass das Zusammenleben von Einwanderern und Deutschen überwiegend problemlos funktioniert. Konflikte sind normal und sehr viel vielfältiger als dass man sie entlang einer imaginären Linie „deutsch/nichtdeutsch" ausmachen könnte. Auch die verschiedenen Einwandergruppen sind sich nicht immer freundlich gesinnt, manchmal sind sie sich sogar spinnefeind. Ebenso existieren unter der deutschen Bevölkerung Streitigkeiten und Konflikte zwischen Schichten und Lebenskulturen. Man könnte hier ein ganzes Sittengemälde aus unterschiedlichen Konfliktlinien anfertigen. Konflikte sind also nicht immer eindeutig zuzuordnen. Unsere Alltagswelt ist komplizierter als sie auf den ersten Blick erscheint. Deshalb gilt es, der Versuchung vor schnellen und scheinbar richtigen Schuldzuschreibungen zu widerstehen, bei denen die Gruppe der Schuldigen immer schon bekannt ist.

Eines aber steht fest: Heute kann es nicht mehr angehen, akademische Theorien über Konzepte einer multikulturellen Gesellschaft zu diskutieren. Klar ist: Die multikulturelle Gesellschaft ist in Deutschland Realität. Mut zur Integration bedeutet, zunächst einmal diese Realität anzuerkennen.

Man verkaufte die Bürgerinnen und Bürger für dumm, wenn man so täte, als ließe sich die vermeintliche Homogenität der 1950er-Jahre wieder herstellen. Von den beschriebenen Kindern und Jugendlichen mit Migrationshintergrund in den Berliner Innenstadtbezirken haben rund 80 Prozent einen deutschen Pass. Niemand kann und wird sie in die Heimatländer ihrer Eltern zurückschicken. Ihre Heimat ist Deutschland. Wir müssen endlich aufhören, mit der Illusion von der homogenen deutschen Gesellschaft Politik machen zu wollen. Die Menschen, zumal in den Städten, sind zu klug für derlei Populismus. Für sie ist Integration gelebter Alltag und wichtige Zukunftsaufgabe – in der Schule, in der Kita und am Arbeitsplatz. Gerade weil unser Land so sehr von Einwanderung geprägt ist, sollten wir aufhören, Menschen ständig danach zu bewerten, woher sie kommen. Stattdessen sollten wir mehr Zeit und Energie darauf verwenden, darüber nachzudenken, wie unsere gemeinsame Zukunft unter den Bedingungen einer Einwanderungsgesellschaft aussehen soll.

Wir Sozialdemokratinnen und Sozialdemokraten stehen für eine Politik, die die gesellschaftliche Wirklichkeit zum Ausgangspunkt für die Entwicklung politischer Konzepte nimmt. Wenn wir die Einwanderungsgesellschaft als Realität akzeptieren, dann hat das Folgen für unser politisches Denken und Handeln. In den Schulen unserer Innenstädte bilden Schülerinnen und Schüler aus Einwandererfamilien bereits jetzt die Mehrheit. In den städtischen Krankenhäusern gehört es zum Alltag, dass Patientinnen und Patienten aus den unterschiedlichsten Ländern behandelt werden, deren Muttersprache nicht Deutsch ist. Unsere Polizei und unsere Feuerwehren fahren oft Einsätze in Gegenden, in denen mehrheitlich Einwanderinnen und Einwanderer und ihre Kinder leben. Das heißt, der Umgang mit kultureller Vielfalt ist zum Normalfall staatlichen Handelns geworden. Wenn das so ist, muss es nunmehr darum gehen, die Institutionen in ihrem Handeln neu auszurichten und zukunftstauglich zu machen. Sie müssen kompetent werden im Umgang mit kultureller Vielfalt – und zwar mit Blick auf die internen Organisationsstrukturen und im Hinblick auf die Art und Weise wie Dienstleistungen angeboten werden. Das Gleiche gilt für die großen Organisationen der Zivilgesellschaft – Kirchen, Wohlfahrtsverbände, Gewerkschaften und natürlich auch Parteien.

Im Jargon der Organisationsentwickler und Integrationsfachleute wird dieser Prozess ein wenig umständlich als „interkulturelle Öffnung" bezeichnet. Es ist einerlei, wie man den Wandel bezeichnet. Wichtig ist, dass unsere Institutionen ihn als notwendig erkennen. Dienstleistungen müssen für alle Menschen gleichermaßen zugänglich werden, unabhängig von kultureller Herkunft, sprachlichen Fähigkeiten oder körperlichen Einschränkungen. Unsere Schulen, Kindertagesstätten, Bürgerämter, Krankenhäuser und Ausländerbehörden müssen in einem umfassenden Sinne barriere- und diskriminierungsfrei werden.

Für die Sozialdemokratie muss eine derartige Umgestaltung der Institutionen zu einer der zentralen gesellschaftspolitischen Aufgaben werden. Für keine andere Partei ist die Teilhabegerechtigkeit ein so hohes gesellschaftliches Gut. Unsere gesamte Glaubwürdigkeit hängt davon ab, ob es uns gelingt, diesen Prozess der gesellschaftlichen Öffnung voranzutreiben und damit unsere Institutionen gerechter und im Umgang mit kultureller Vielfalt kompetenter zu machen.

Ich sage nicht, dass dieser Prozess ohne Konflikte ablaufen wird. Überall dort, wo überkommene Handlungsmuster aufgegeben werden müssen, Neues gelernt und eingeübt werden soll, kommt es zu Reibungen und Konflikten. Wir sehen das an den zum Teil massiven Auseinandersetzungen um die Schulreformen in Hamburg, NRW und teils auch bei uns in Berlin. Interkulturelle Öffnung heißt auch auf angestammte Privilegien zu verzichten: bei Stellenbesetzungen, in beruflichen Karrieren und bei der Vergabe von Aufträgen und Dienstleistungen. Interkulturelle Öffnung bedeutet echte Chancen- und Teilhabegerechtigkeit für alle Bürgerinnen und Bürger, die in einem Gemeinwesen leben und Dienstleistungen in Anspruch nehmen. Am Beispiel der Geschlechtergerechtigkeit oder der Gleichbehandlung von Schwulen und Lesben sehen wir, welche Auseinandersetzungen auf diesem Weg zu erwarten sind. Trotzdem bin ich davon überzeugt, dass dieser gesellschaftliche Öffnungsprozess angesichts einer globalisierten Welt und einer alternden deutschen Bevölkerung alternativlos ist.

Die multikulturelle Gesellschaft ist Realität. Es kommt nun darauf an, unsere Institutionen dieser Realität anzupassen. Sie brauchen ein Selbstverständnis, das diese Realität reflektiert und zukunftsfest ist und sie brauchen Menschen, die kompetent handeln können. Der SPD eröffnet sich hier eine reelle Chance. Als Volkspartei hat sie den Anspruch, die Interessen vieler gesellschaftlicher Gruppen zu vertreten, auch derjenigen, denen eine solche Öffnung der Institutionen zu schnell oder zu einseitig verläuft. Wir Sozialdemokratinnen und Sozialdemokraten standen immer für Progressivität und gesellschaftlichen Wandel. Als Programmpartei hatten wir immer eine Vorstellung davon, wie eine gute, eine im besten Sinne moderne Gesellschaft aussehen soll. Der Prozess der interkulturellen Öffnung ist in diesem Sinne ein progressives Vorhaben. Wir sollten uns mit Mut an die Spitze setzen. Gerade als Großstadtpartei haben wir hier die besten Voraussetzungen. Und es gibt bereits viele gute Beispiele auf die wir zurückgreifen können: In Berlin haben wir im Dezember 2010 ein Partizipations- und Integrationsgesetz verabschiedet, das die interkulturelle Öffnung des Öffentlichen Dienstes auf eine gesetzliche Basis stellt. In Nordrhein-Westfalen arbeitet die rot-grüne Landesregierung ebenfalls an einem Integrationsgesetz und auch die neue grün-rote Regierung in Baden-Württemberg hat sich im Koalitionsvertrag zu einem Partizipations- und Integrationsgesetz bekannt. In allen drei genannten Ländern ist die SPD an der Regierung. In allen drei Ländern ist die Einwanderungsgesellschaft eine akzeptierte Realität.

Neue Blickwinkel schaffen neue Perspektiven

Wesentliche kulturelle Impulse, die die deutschen Auswanderer Mitte des 19. Jahrhunderts in die USA brachten, waren Bier brauen sowie Bier trinken – auch gerne sonntags nach dem Kirchgang. Levi Boone, dem damaligen puritanischen und ausländerfeindlichen Bürgermeister von Chicago, war dieses Gebaren der Deutschen ein Dorn im Auge. Überhaupt gefielen ihm die Parallelgesellschaften nicht, die die deutsche Community im Norden von Chicago nach und nach errichtete. Er erhöhte die Lizenzpreise für den Bierverkauf um 600 Prozent und verhängte ein Verbot für den Verkauf am Sonntag. Die Aufstände, die dieser Erlass auslöste, kosteten einige Menschenleben und gingen als die Chicagoer „Beer Riots" in die Geschichte ein.

Unseren Vorfahren war nicht fremd, was man heute gerne als „Integrationsverweigerung" bezeichnet. Trotzdem sind die USA an den merkwürdigen kulturellen Gepflogenheiten der deutschen Minderheit nicht zu Grunde gegangen. Im Gegenteil: Es waren auch der Wagemut, die Hartnäckigkeit und der Pioniergeist dieser Einwanderer, die den amerikanischen Traum von einer schrankenlosen Gesellschaft begründeten und neue Ideen zur Entfaltung kommen ließen.

Eines ist klar: Ohne Migration wären moderne Gesellschaften gar nicht vorstellbar. Ein- und Auswanderung hat es schon immer gegeben. Sie gehören zur Grundbedingung menschlicher Gesellschaften. Gerade das heutige Berlin gäbe es ohne die hunderttausendfachen Migrationsbewegungen der vergangenen 300 Jahre nicht. Berlins Industrialisierung und dynamische Entwicklung Ende des 19. Jahrhunderts basierte auf massenhafter Einwanderung. Ohne diesen Zustrom an ausländischer Arbeitskraft einerseits und mutigem Innovationsgeist andererseits wäre Berlin nicht das kulturelle und industrielle Zentrum Europas geworden, dass es bis zum Ausbruch des Ersten Weltkriegs war. Die Parallelen zu heute sind unübersehbar. Auch der bewunderte wirtschaftliche Aufschwung Deutschlands und der Wiederaufbau Berlins nach dem Zweiten Weltkrieg wären ohne Migration und die harte Arbeit hunderttausender Einwanderinnen und Einwanderer nicht möglich gewesen.

Wer die Entscheidung trifft, in ein anderes Land zu emigrieren, tut dies zumeist nicht freiwillig. Krieg, Verfolgung, Unterdrückung – das sind einschneidende Gründe weswegen Menschen ihr Heimatland verlassen. Und natürlich sind es auch Arbeitslosigkeit und Hoffnungslosigkeit, die Menschen in ein anderes Land auswandern lassen. Es ist der Wunsch in einem anderen Land arbeiten zu können, sich etwas aufzubauen und am Wohlstand in diesem „neuen" Land teilhaben zu können. Menschen die auswandern, wollen ein anderes Leben. Sie sind oft hochmotiviert. Das trifft auch für jene Menschen zu, die seit den 1960er-Jahren nach Deutschland ausgewandert sind. Manche von ihnen sind geblieben, manche haben Deutschland wieder verlassen. Ihre Hoffnungen mögen unterschiedlich gewesen sein – aber eines eint sie: die Sehnsucht nach einem besseren Leben für sich, für ihre Kinder, für ihre Angehörigen.

Am 31. Oktober 2011 jährt sich das Anwerbeabkommen der Bundesrepublik Deutschland mit der Türkei zum 50. Mal. Dieses Datum markiert einen wichtigen Punkt in der deutschen Nachkriegsgeschichte. Er bietet die Gelegenheit, unsere jüngere Vergangenheit unter der Perspektive einer Einwanderungsgesellschaft neu zu betrachten. In Berlin haben wir diesen Tag unter das Motto „Berlin sagt Danke!" gestellt. Ich habe am 23. Juni 2011 250 Frauen und Männer der ersten Einwanderergeneration nach dem Zweiten Weltkrieg zu einer Festveranstaltung in das Rote Rathaus eingeladen. Sie alle haben auf ihre Weise zum Wiederaufbau der Stadt beigetragen – als Industriearbeiterinnen und -arbeiter, als Handwerkerinnen und Handwerker und als selbstständige Unternehmerinnen und Unternehmer. Sie können zu Recht stolz sein auf das, was sie für sich, ihre Familien und auch für Deutschland geschafft haben.

Die vielen Gespräche mit Angehörigen der ersten Einwanderergeneration haben mir gezeigt, dass wir oft verzerrte und sogar falsche Vorstellungen von diesen Lebensentwürfen haben. Anders als es das Klischee glauben machen will, kamen zum Beispiel die ersten türkischen Arbeitsmigranten selten direkt aus Anatolien nach Deutschland. Zwei Drittel von Ihnen migrierten aus den großen türkischen Städten nach München, Stuttgart, Dortmund oder Berlin. Sie waren keine tumben Hinterwäldler, sondern mit einiger Lebenserfahrung und Abenteuerlust gewappnete junge Männer und Frauen, die das Wagnis in der Fremde suchten, um sich wirtschaftlich zu verbessern.

Wenig bekannt ist auch, dass unter den ersten Arbeitsmigranten viele Frauen waren, die sich aus den patriarchalen Verhältnissen in der Heimat befreien wollten. Viele machten sich selbstständig als Handwerkerinnen und Kleinunternehmerinnen und waren damit wichtige Rollenvorbilder für ihre Töchter, die heute zahlreich als Anwältinnen, Journalistinnen,

Hochschullehrerinnen und Politikerinnen arbeiten. Die junge Türkin, die Ende der 1960er-Jahre im Minirock über den Berliner Kurfürstendamm flaniert, ist ebenfalls ein Symbol für die Einwanderung nach Deutschland – aber ein wenig bekanntes.

Wenn man sich mit den Einwanderinnen und Einwanderern der ersten Generation unterhält, dann wird schnell klar: Die Migration war für viele ein Versprechen auf ein anderes Leben. Sicher wurde dieses Versprechen nicht immer eingelöst, auch darüber muss man sich keine Illusionen machen. Vielfach wirkte es aber als Motor für gesellschaftlichen Aufstieg. Mit der Auswanderung nach Deutschland, so entbehrungsreich ihre Folgen auch waren, verbanden viele den Wunsch nach einem besseren Leben. Harte Arbeit, Fleiß und Mobilität waren stets Teil dieses Selbstverständnisses und Voraussetzung für die oft erfolgreichen Lebensentwürfe ihrer Kinder in Deutschland – eine ursozialdemokratische Geschichte des Aufstiegs, deren Potenzial wir bislang noch nicht ausreichend erkannt haben.

Zur oftmals ambivalenten Geschichte der Einwanderung nach Deutschland gehören natürlich auch die traurigen Schicksale wie beispielsweise das des Armando Rodriguez de Sá, dem millionsten Gastarbeiter in Deutschland, der als Willkommensgeschenk 1964 vom deutschen Staat ein Moped erhielt – eine Ikone der Arbeitsmigration und vielfach in Schulbüchern und Museen erzählt. Dieses Moped steht mittlerweile sogar im Haus der Geschichte in Bonn. Die offizielle Geschichtsschreibung erzählt nicht, dass de Sá 1981 in Portugal an den Folgen eines in Deutschland erlittenen Arbeitsunfalls starb.

Es gehört zu einer vollständigen Betrachtung, einen Aspekt zu beleuchten, der meines Erachtens zu selten thematisiert wird: die Identitätsfrage. So sind viele Einwanderinnen und Einwanderer ihr Leben lang hin- und hergerissen. Nicht wenige treibt das Gefühl um, nirgends richtig dazuzugehören. In Deutschland werden sie als Migrantinnen und Migranten bezeichnet und wenn sie in die ursprünglichen Herkunftsländer oder die Herkunftsländer ihrer Eltern und Großeltern zurückkehren, werden sie als „Deutsche" bezeichnet. So erging es auch vielen Einwanderern der ersten Generation als sie in ihre ursprünglichen Heimatländer zurückkehren wollten. Es ist ja richtig, dass viele Zuwanderinnen und Zuwanderer der 1960er-und 1970er-Jahre Deutschland als Übergangsland sahen – als ein Land, in dem man hart arbeiten muss und relativ viel Geld verdienen kann. Geld, das man sparen und mit dem man die Familien in den Heimatländern unterstützen kann. Der Plan wie schon von Udo Jürgens 1974 in seinem Lied „Griechischer Wein" besungen, einige Jahre in Deutschland zu bleiben und dann mit dem „Ersparten" in seiner Heimat eine neue Existenz aufzubauen, war allgegenwärtig: Deutschland als Sprungbrett für ein neues Leben im Heimatland.

Viele aber, die nach jahre-, teilweise jahrzehntelanger Arbeit in Deutschland, im hohen Alter wieder in ihre Herkunftsländer zurückkehrten, fühlten sich ein weiteres Mal in ihrem Leben entwurzelt, aus ihrem sozialen Kontext gerissen und sahen sich mit Identitätskonflikten konfrontiert. Natürlich war das Leben in der Heimat nicht stehengeblieben, während sie in Deutschland lebten und arbeiteten. Die Hoffnung, wieder ins Altbekannte zurückkehren zu können, erwies sich als Trugschluss. Vor Ort trafen die „Rückkehrer" nicht selten auf ähnliche Vorurteile wie damals in Deutschland. Desillusioniert brachen viele die Rückkehr ab und kamen wieder nach Deutschland zurück. Dem geografischen Hin- und Herpendeln entspricht ein ebensolches seelisches Hin- und Herpendeln: Wer bin ich? Wo gehöre ich dazu? Identitätsfragen, die Menschen verunsichern, ja auch zerstören können. Solche Identitätskrisen sind es auch, die Menschen, die auf der Suche nach Halt sind, anfällig machen können für extrem religiöse und/oder politische Ideologien. Auch deshalb ist es wichtig, dafür zu sorgen, dass eine demokratische Gesellschaft eine offene Gesellschaft ist, für die Integration und Teilhabe ganz oben auf der Tagesordnung steht.

Identitätskonflikte sind ein Thema, das die Kinder und Enkelkinder der ersten Generation prägt. Diese sind in Deutschland aufgewachsen und fühlen sich ebenfalls nicht selten hin- und hergerissen zwischen familiären Traditionen einerseits und gesellschaftlichen Vorurteilen andererseits. Es ist interessant, dass viele die Identitätsfrage auch auf Grund der Erfahrungen ihrer Großeltern heute differenzierter betrachten.

Cornelia Spohn hat sich dieses Phänomens angenommen und ein Buch mit dem schönen Titel „Zweiheimisch" herausgegeben. In zwölf Portraits wird exemplarisch deutlich, wie junge Menschen heute mit dieser Thematik umgehen. Es stimmt hoffnungsfroh, dass viele trotz aller individuellen Schwierigkeiten und Erfahrungen, in dieser Tatsache eine große Chance für ihre eigene Zukunft und für die deutsche Gesellschaft insgesamt sehen. So endet zum Beispiel das Portrait über Nazli Mahjoubi mit dem Satz: „Ich bin Deutsche und Iranerin und versuche, das Beste aus beiden Identitäten miteinander zu kombinieren. Manchmal ist das ein innerer Kampf, der mich blockiert. Meistens ist es ein Ansporn, der mich weiterbringt."

In solchen Sätzen liegt eine enorme Kraft. Sie beinhalten den Mut, etwas Neues zu schaffen. Um eine junge aufgeklärte Generation, die es schafft zu erkennen, dass in verschiedenen Identitäten, Potenziale und Perspektiven stecken, muss es einem nicht bang sein. Ich freue mich darüber, dass in dem Portrait des damals 20-jährigen Oliver Sanchez steht: „Wer wie ich weiß, dass sich Menschen in verschiedenen Kulturkreisen zwar in ihrer Art sehr voneinander unterscheiden können, aber am Ende einfach nur Menschen sind, empfindet nie ein Gefühl von Fremdheit gegenüber anderen. Furcht vor dem Unbekannten kenne ich nicht. Im Gegenteil. Ich bin neugierig. Das Unbekannte zieht mich förmlich an. Ich will es erkennen und verstehen. Es ist ein Gewinn, den ich durch meine verschiedenen Herkünfte mitbekommen habe."

Diese Offenheit, diese Neugierde, diesen Mut wünsche ich mir für die Zukunft unseres Landes. Wenn ich sehe, wie in der jüngeren Generation ganz selbstverständlich mit kultureller Vielfalt, mit verschiedenen Identitäten umgegangen wird, dann macht das deutlich, dass wir in diesem Land manchmal schon viel weiter sind als öffentliche Debatten es uns glauben machen.

Natürlich weiß ich, dass das nicht für alle gilt und nicht immer alles toll ist. Aber es ist eine Frage, welche Perspektive eine Gesellschaft einnimmt. Nazli, Oliver und viele andere, die sich zwischen verschiedenen Stühlen wähnen und für sich entscheiden, dass man sich nicht für einen Stuhl entscheiden muss, sondern für sich erkennen, dass es besser ist zu versuchen, die beiden Stühle näher zusammenzurücken, sind für mich ebenfalls Pioniere. Sie stehen für etwas Neues. Und die vielen jungen Deutschen, die längst begriffen haben, wie wichtig diese Vielfalt, diese Internationalität für die Zukunft unseres Landes sind, sind ebenfalls Pioniere. Sie müssen vorangehen und dürfen sich nicht entmutigen lassen. Dabei ist unbestritten, dass es nach wie vor so ist, dass vielen Einwandererkindern diese Identitätskonflikte Probleme bereiten. Ich will auch nicht verhehlen, dass manche diese als Vorwand nutzen, um sich nicht den Herausforderungen zu stellen. Es ist nicht zuletzt eine Frage des Bildungsstatus wie individuell mit diesem Phänomen umgegangen wird, aber genau deshalb braucht eine jede Gesellschaft Pioniere, braucht Vorbilder, damit andere sich an ihnen orientieren können. Gerade weil ich weiß, dass es auch Schwierigkeiten gibt, setze ich mich dafür ein, dass diesen mutmachenden Geschichten viel mehr Platz in der öffentlichen Debatte eingeräumt wird. Wie gesagt, es ist eine Frage der Perspektive: Positivkommunikation motiviert, während eine rein problemorientierte Herangehensweise Konflikte schafft und Menschen in ihren Vorurteilen bestätigt. Es geht nicht darum, Probleme zu ignorieren, es geht darum die zu Recht thematisierten Probleme durch Lösungsansätze und Vorbildgeschichten zu minimieren.

Es bleibt festzuhalten, dass Geschichten von Einwanderung und Auswanderung in den meisten Fällen Geschichten von Gewinnen und Verlusten sind – in seelischer, geistiger und materieller Hinsicht. Einwanderungsgeschichten sind vielschichtig und selten gradlinig. Die heute oftmals vorherrschende ausschließliche Problematisierung der Einwanderung wird den Leistungen und den Herausforderungen nicht gerecht, denen sich diese Menschen in ihrem Leben gestellt haben und stellen.

Es geht mir nicht darum, „Migrationsbiografien" zu idealisieren. Dafür ist mit dem Verlassen der Heimat und der oftmals schwierigen Eingliederung hier in Deutschland zu viel Verlust, Unsicherheit und Ablehnung verbunden gewesen. Es geht mir vielmehr darum, ein Augenmerk darauf zu richten, was diese Menschen für sich und ihre Familien auf sich genommen haben, um ihnen Respekt für ihre Lebensleistung zu zollen.

Mein Grundanliegen ist es, dass wir aus diesen Geschichten und damit aus Fehlern der Vergangenheit lernen. Denn: Es war unsere Gesellschaft, die Einwanderung benötigte, und es ist unsere Gesellschaft, die auch heute wieder auf Einwanderung angewiesen ist. Deshalb sollten wir zukünftig klüger sein und das Thema Einwanderung mutiger angehen.

Damit dies gelingt, möchte ich für einen anderen Blick auf Einwanderinnen und Einwanderer und ihre Rolle in unserer Gesellschaft werben. Denn viele von ihnen sind wirklich Pioniere. Sie wagen einen Aufbruch in die Fremde, oftmals ohne Kenntnis der Sprache oder der kulturellen Umgangsformen. Sie bringen den Mut auf, ihrer gewohnten Umgebung den Rücken zu kehren und an einem anderen Ort neu anzufangen. Sie erwarten etwas von ihrem Leben, das besser sein soll als die Umstände, die sie verlassen. Sie sind bereit, dafür viel zu investieren. Das gilt für die eingangs erwähnten Deutschen, die Ende des 19. Jahrhunderts in die USA auswanderten, ebenso wie für die „Arbeitsmigranten" aus der Türkei oder anderen Ländern, die in den 1960er-Jahren nach Deutschland kamen. Niemand kommt einfach so. Es ist eben oft dieser Pioniergeist, der Wunsch etwas aufzubauen und die Grenzen der Schichtzugehörigkeit zu durchbrechen, den wir bislang, auch als Sozialdemokratinnen und Sozialdemokraten, nicht ausreichend erkannt haben.

Vielleicht fehlten uns die Phantasie und das nötige Maß an Offenheit und Großzügigkeit, Integration nicht vornehmlich als Reparaturwerkstatt, sondern als Reichtum und Chance für unser Land zu denken. Viele der ersten Einwanderer berichten mir, wie froh sie gewesen sind, dass ihre Kinder in Deutschland zur Schule gehen konnten, ja, sogar mussten. Etwas, das in ihren Heimatländern nicht selbstverständlich gewesen wäre. Sie haben gewusst, dass der soziale Erfolg ihrer Kinder wesentlich von der Bildung abhängt, und sie haben viel für die Bildung ihrer Kinder investiert. Die gerade in den deutschen Großstädten wachsende Mittelschicht mit Migrationshintergrund zeigt, dass viele Kinder der ersten Einwanderer erfolgreich sind. Sie nehmen bereits jetzt verantwortungsvolle Positionen in Wirtschaft, Politik, Kultur und Zivilgesellschaft ein, wenngleich noch viel zu selten. Sie sind die zukünftigen Stützen unserer Gesellschaft. Einige von ihnen melden sich mit ihren Vorstellungen von einer post-migrantischen Gesellschaft, in der sie nicht mehr auf ihre Herkunft beschränkt werden, vernehmbar zu Wort: im Kulturbetrieb, in der Wissenschaft, im Journalismus, in den Verbänden und Migrantenselbstorganisationen. Als Sozialdemokratinnen und Sozialdemokraten müssen wir dieses Wissen, die Energie, die gesellschaftsverändernde Kraft, die in diesen Biografien steckt, weit mehr anerkennen und einbeziehen – innerhalb der Partei und mit Blick auf unsere Konzepte und unser politisches Handeln.

Mut zur Integration heißt, aus Fehlern der Vergangenheit zu lernen und einen Perspektivwechsel möglich zu machen, der in den Einwanderinnen und Einwanderern auch Pioniere sieht, die Neues möglich machen. Dieser Perspektivwechsel ist auch notwendig, weil unser Land in Zukunft auf Einwanderung angewiesen sein wird – mehr denn je.

Die Integrationspartei SPD hat Nachholbedarf

Integrationspolitik ist die zentrale Zukunftaufgabe für unser Land. Für Politik und Gesellschaft stellt sie eine klassische Gestaltungsaufgabe dar. Das zu verinnerlichen, hat lange gedauert. Die Sozialdemokratische Partei Deutschlands kümmert sich seit jeher um soziale Integrationsaspekte und dennoch ist es an der Zeit, vereinzelten Skeptikern in den eigenen Reihen dies noch mal zu vergegenwärtigen: Bildung, Arbeit, Politische Partizipation – das sind die klassischen Themen, die die Programmatik und das Regierungshandeln der Sozialdemokratie immer bestimmt haben. Das ist kein Zufall: Alle Themen haben mit der Frage der gesellschaftlichen Teilhabe und damit mit Integration zu tun – dem Kernthema der deutschen Sozialdemokratie. Die SPD war immer eine Integrationspartei – eine Partei, die sich für gesellschaftliche Integration, für die Teilhabe aller, für ein umfassendes Miteinander eingesetzt hat. Diese Idee war der Ursprung unserer Gründung.

Unser Ursprung ist die Arbeiterbewegung. Wir sind aus den sogenannten Arbeiterbildungsvereinen als Partei hervorgegangen. Das war 1863. Umfassende gesellschaftliche Teilhabe der Arbeiterschaft – ökonomisch, kulturell und politisch – das waren damals die zentralen Forderungen sozialdemokratischer Politik. Sie sind es bis heute geblieben, auch wenn sich die Milieus verändert haben. Diese politische Zielsetzung prägte die Frauenbewegung ebenso wie die Debatte in den 1960er-/1970er-Jahren, als es um die Frage ging, wie es uns gelingt, mehr Kinder aus Arbeiterfamilien den Zugang zu weiterführenden Schulen zu ermöglichen. Über bessere Bildung, so lautet der Grundsatz seit unserer Gründung, sollen Menschen mehr Chancen zum Aufstieg, zur Mitsprache und zur politischen Partizipation erhalten.

Dieser Grundsatz ist schnell auf den Punkt gebracht: „Herkunft darf kein Schicksal sein". Das ist die Basis sozialdemokratischer Werte und damit auch sozialdemokratischer Integrationspolitik. Ich weiß, dass manche gesellschaftliche Kräfte diese Haltung als „Gutmenschentum" auslegen. All denen sei gesagt: Dieser Grundsatz ist Gründungskonsens unserer Partei und er trägt seit fast 150 Jahren. Viele Menschen in Deutschland, unsere gesamte Gesellschaft hat davon profitiert, dass die SPD dieser Linie in den vergangenen Jahrzehnten treu geblieben ist. Es ging uns immer darum, gesellschaftliche Realitäten wahrzunehmen, Missstände zu identifizieren und darauf aufbauend Politik zu machen und unsere Gesellschaft zu gestalten.

Für uns als SPD steht daher auch fest, dass Integration, so wie dieses Thema heute verstanden wird, nicht auf ein reines Migrationsthema verengt werden sollte. Ich werde in diesem Kapitel erläutern warum. Natürlich gibt es migrationsspezifische kulturelle Besonderheiten, die ebenfalls berücksichtigt werden müssen, aber die Lösung der Integrationsaspekte erfolgt im Wesentlichen über die Beantwortung sozialer Fragen. Die Lösung sozialer Fragen – das ist die Kernkompetenz der SPD. Aus unserem historischen Verständnis heraus ist also sozialdemokratische Integrationspolitik eine Politik, die herkunftsbedingte Benachteiligung auszugleichen sucht. Dies war, ist und bleibt unser programmatisches Leitbild.

In der Gruppe derjenigen, die nach dem Zweiten Weltkrieg nach Deutschland eingewandert sind – und ihrer Nachfahren, gibt es in der Tat viele Menschen, die herkunftsbedingt benachteiligt sind. Dies zu ändern, ist eine historische Aufgabe für die SPD – und ich sage bewusst: Viele in der SPD müssen sich diese Aufgabe noch mehr vergegenwärtigen. Ich erlaube mir daher, an dieser Stelle auf unsere historische Verantwortung und die zentralen emanzipatorischen Errungenschaften der SPD hinzuweisen.

Für die deutsche Sozialdemokratie ist Bildung seit unseren Anfängen eine der tragenden Säulen unserer Ideenwelt wie auch unserer politischen Handlungsperspektiven. Sozialdemokratische Politiker waren und sind es immer wieder, die mit ihrem Eintreten und ihrem Engagement, gerade für die von Bildung ausgeschlossenen Menschen berechtigte Ansprüche auf Teilhabe erhoben.

Von unseren Anfängen im 19. Jahrhundert her wissen wir, dass für Arbeiterinnen und Arbeiter Bildung nur insoweit vorgesehen war wie sie dem Arbeitsprozess nutzte und zur Erhöhung der Produktivität führte. Im Grunde beschränkte sich Bildung auf die Vermittlung von technischen Fähigkeiten. Dass Bildung aber mehr als nur technische Wissensvermittlung ist, war die Grundidee der Arbeiterbildungsvereine: Mit Bildung und entsprechenden Bildungskursen wollte sich die Arbeiterschicht ihre gesellschaftliche Wirklichkeit neu erschließen, sich emanzipieren. Die Arbeiterschaft wollte klüger werden, die Gesellschaft und deren Funktionieren in Wirtschaft und Politik besser verstehen. Es ging darum, die eigenen Bedürfnisse artikulieren und gerechtfertigte Forderungen nach Gleichheit und Gerechtigkeit mit guten Argumenten vertreten zu können, um damit auch andere Arbeiterinnen und Arbeiter davon zu überzeugen, dass die Gesellschaft der damaligen Zeit einen fundamentalen Wandel brauchte. Man wollte sich „organisieren", um Kapital, Adel, Bürgertum und Klerus die eigenen Lebensentwürfe entgegenzustellen und Benachteiligungen durch den Arbeitsprozess deutlich zu machen. Ziel war es, sich rhetorisch fit zu machen, um nicht vor den Hetzparolen der herrschenden Klasse verstummen zu müssen. Im Grunde ging es um nicht weniger als eine neue Gesellschaftsordnung. Es war der Kampf um Anerkennung und Gerechtigkeit. Ein Paradigmenwechsel wurde eingeleitet, der 1863 in Leipzig zur Gründung des Allgemeinen Deutschen Arbeitervereins (ADAV) durch Ferdinand Lassalle führte: Die SPD war geboren – der politische Auftrag formuliert: Es galt, der Arbeiterschaft über bessere Bildung Teilhabe, Mitspracherechte und politische Partizipation zu ermöglichen.

Seine Entsprechung fand dieser Emanzipationsgedanke auch in der Frauenbewegung, die ebenfalls maßgeblich von Sozialdemokratinnen geprägt ist. Auch sie hat ihren Ursprung im 19. Jahrhundert. Die Themen waren identisch: Es ging darum, das Recht auf Erwerbsarbeit, auf Bildung, auf Zugang zu Universitäten, auf politische Partizipation und eine gleichberechtigte gesellschaftliche Teilhabe zu erstreiten und die Gesellschaft entsprechend zu reformieren.

So fand zum Beispiel die Forderung nach einem Frauenwahlrecht bereits 1891 Eingang in die Programmatik der SPD - im sogenannten Erfurter Programm. August Bebel (Vorsitzender der SPD von 1892 bis 1913) engagierte sich damals stark für die Frauenemanzipation und das Frauenwahlrecht und widmete sich in seinem 1879 erschienenen Buch „Die Frau und der Sozialismus" den berechtigten Forderungen. Es sollte aber noch 40 Jahre dauern, bis Frauen im Jahre 1919 endlich an Wahlen teilnehmen konnten.

Auch ist es auf das Engagement von Sozialdemokratinnen zurückzuführen, dass bei der Ausarbeitung des Grundgesetzes in den Grundrechten im Artikel 3 Absatz 2 der Satz „Männer und Frauen sind gleichberechtigt" verankert wurde. Es waren Elisabeth Selbert und Friedrike Nadig, die für die Gleichberechtigung als Verfassungsgrundsatz eine öffentliche Unterstützung durch Frauenorganisationen mobilisierten und die Formulierung auch gegen Widerstand aus den eigenen Reihen durchsetzten.

Der grundgesetzlichen Verankerung musste ein Mentalitätswechsel in der Gesellschaft folgen. Es gibt nicht wenige Frauen, die damals ihr Recht auf Bildung in ihren Familien erkämpfen mussten. Insbesondere in ländlichen Gegenden wurde dieser Wunsch von Mädchen und jungen Frauen nicht selten mit einem milden Lächeln quittiert. Das Recht auf Selbstbestimmung, die Realisierung persönlicher Lebensentwürfe und das Wahrnehmen individueller Chancen wurde vielen Frauen auf Grund vorherrschender tradierter Rollenmodelle unmöglich gemacht. Diese Form der gesellschaftlichen Diskriminierung von Frauen führte daher in den 1960er-Jahren zu einer neuen Frauenbewegung, deren Ziel es war, die Rechte der Frauen auch in den Köpfen der Bevölkerung zu verankern und die hierarchische Geschlechterordnung aufzubrechen. Die Selbstbestimmung der Frau, Alltagsdiskriminierungen, Gewalt oder Themen wie Missbrauch, Sexualität und Schwangerschaftsabbrüche wurden Gegenstand der öffentlichen Diskussion.

Die politische Partizipation blieb ebenso ein Thema: So herrschte in den von Männern dominierten Parteien Handlungsbedarf. Der Parteivorstand der SPD beschloss daher 1972, eine Arbeitsgemeinschaft für Frauen zu gründen, die AsF (Arbeitsgemeinschaft sozialdemokratischer Frauen). Bis heute sind Frauen in politischen und gesellschaftlichen Führungspositionen unterrepräsentiert. Aus diesem Grund führte die SPD 1988 eine Geschlechterquote von 40 Prozent ein. Ein Instrument, das heftig umstritten war, aber half, dem besonderen Stellenwert der Gleichberechtigung auch innerparteilich endlich zu mehr Gewicht zu verhelfen. Dass die CSU eine solche Quote im vergangenen Jahr ebenfalls eingeführt hat, soll an dieser Stelle unkommentiert Erwähnung finden.

Auch heute noch steht das Thema Gleichberechtigung in der SPD ganz oben auf der Agenda: So geht es unter anderem darum, Frauen den Weg in Führungspositionen zu erleichtern und dafür zu sorgen, dass Männer und Frauen endlich den gleichen Lohn erhalten. Ebenso ist ein flächendeckender gesetzlicher Mindestlohn ein Aspekt des Themas Gleichberechtigung, denn überdurchschnittlich viele Frauen sind von Lohndumping betroffen. Flächendeckende Kinderbetreuungsangebote, die Realisierung der Ganztagsschulen, das Elterngeld – all diese Maßnahmen dienen dazu, die Rahmenbedingungen dafür zu schaffen, dass gesellschaftliche Teilhabe unserer Kinder frühestmöglich ermöglicht wird. Sie tragen zusätzlich den Gedanken in sich, für mehr Gleichberechtigung zu sorgen, indem Familie und Beruf besser vereinbart werden können. Keiner wird bestreiten, dass es insbesondere Sozialdemokratinnen und Sozialdemokraten sind, die diese Themen immer wieder zum Gegenstand öffentlicher Debatten machen.

Auch hier wird deutlich: Der Kern des Kampfes um Gleichberechtigung ist das Recht auf Bildung, auf gerechte Teilhabe am Arbeitsmarkt, auf umfassende politische und gesellschaftliche Partizipation und das Aufbegehren gegen jedwede Form gesellschaftlicher Diskriminierung und Unterdrückung – die Kernbestrebungen der deutschen Sozialdemokratie.

Ähnliches gilt für die sogenannte 68er-Bewegung, die ebenfalls eng mit dem Stichwort Bildung verbunden ist. Die Debatten der 1960er-Jahre, das Anprangern von Missständen und Ungerechtigkeiten im Bildungswesen, die Ausgrenzungsmechanismen für gesellschaftlich Unterprivilegierte waren der Stein des Anstoßes für grundlegende Änderungen im Bildungssystem.

Der Soziologe Georg Picht hat diese Bewegung in akademischer Weise angeleitet: Sein Buch „Die Bildungskatastrophe", das 1965 erschien, war Auslöser und Wegbereiter einer großen Debatte darüber, wie Deutschland sein ganzes Bildungssystem, das damals von eingeschliffenen elitären Verhaltensweisen und hochmütigen Ausgrenzungsstrategien der wohlhabenden bildungsbürgerlichen Schichten geprägt war, verändern müsste.

Der Geist der Zeit veränderte sich: Bildung als elitäre Veranstaltung für diejenigen aus besseren Kreisen war verbraucht. Der neue Leitsatz lautete: Weg von Bildung für wenige, hin zu einem breiten Angebot für alle Schichten dieser Gesellschaft. Dass Bildungsmöglichkeiten für alle überhaupt als Anspruch formuliert wurde, war das neue dieser Zeit. Die Grundhaltung „Mein Kind soll es einmal besser haben" wurde zum Motor für Kinder aus vielen Arbeiterfamilien.

Diese Bildungsexpansion, die die Sozialdemokratie ab Mitte der 1960er-Jahre formulierte und die dann mit Nachdruck unter den Kanzlern Willy Brandt und Helmut Schmidt zur Realität gemacht wurde, hat das Leben vieler Menschen nachhaltig verändert: Die Universitäten öffneten sich und durch die Einführung des BaföG im Jahre 1971 wurden finanzielle Barrieren minimiert. Es sind nicht wenige SPD-Mitglieder und Sympathisanten, die ihre Verbundenheit mit der SPD in dieser Phase verorten. Viele von ihnen profitierten von dieser sozialdemokratischen Bildungsidee.

Dass das Motto „Aufstieg durch Bildung" damals auf frucht-
baren Boden fiel, muss aber auch in einem erweiterten Kontext gesehen werden: Die Tatsache, dass sich die deutsche
Volkswirtschaft nach dem Zweiten Weltkrieg wieder erholte
und international Fuß fassen konnte, führte dazu, dass verstärkt qualifizierte Arbeitskräfte benötigt wurden. Es war
klar, dass Deutschland als Wissensgesellschaft verstärkt gut
ausgebildete Menschen in allen Sparten der Industrie und des
Handels, in der Verwaltung und in wichtigen gesellschaftspolitischen Bereichen brauchte. Insofern ist es kaum verwunderlich, dass die deutsche Wirtschaft damals schon aus Eigeninte-
resse die Bildungsexpansion unterstützte und in ihrem Sinne
auch vorantrieb.

Mehr und mehr setzte sich die Einsicht durch, welch enorme Bedeutung Bildung für den Einzelnen, für die Gesellschaft
und die volkswirtschaftliche Entwicklung hatte. Die Univer-
sitätsneugründungen in dieser Phase waren beachtlich, die
Studierendenzahlen überschritten 1980 zum ersten Mal die
Eine-Million-Grenze, wissenschaftliches Personal und Ver-
waltungskräfte wurden überdurchschnittlich eingestellt.
Rückblickend muss diese Zeit als Aufbruch in eine veränderte Gesellschaft mit stark veränderten Lebenswünschen vieler
Menschen gewertet werden – und zwar von Menschen, die
im heutigen Jargon häufig als „bildungsfern" bezeichnet würden. Sozialer Aufstieg durch Bildung wurde „machbar". Die
Durchlässigkeit der gesellschaftlichen Schichten ermöglichte
zum Beispiel Gerhard Schröder, mir und vielen anderen Menschen einen Weg, der ohne die politischen Weichenstellung
in dieser Zeit kaum möglich gewesen wäre. Wir alle wussten
damals: Wer sich anstrengt, wird belohnt. Diese Gewissheit
muss heute wieder gelten, für alle Menschen in diesem Land –
und hier müssen wir nacharbeiten.

Die beschriebenen Emanzipationswellen haben die Geschichte Deutschlands seit Mitte des 19. Jahrhunderts maßgeblich geprägt und zu fundamentalen Veränderungen in der
Gesellschaft geführt, Mentalitätswechsel ermöglicht und Per-

spektiven aufgezeigt haben. Es war nicht zuletzt die SPD, die diese gesellschaftlichen Umbrüche maßgeblich mitgestaltet hat. Eine Bilanz, auf die wir zu Recht stolz sein können.

Nimmt man die Triebfedern für diese Bewegungen, so sind diese weitgehend identisch. Allen Bewegungen war gemein, gesellschaftliche Ausgrenzung und Diskriminierung durch Teilhabe an Bildung, Arbeit und politischer Gestaltung zu überwinden und stattdessen Motivation und Anerkennung zum Leitprinzip der Gesellschaft zu machen, um weniger Privilegierten Perspektiven zu ermöglichen.

Es ist nicht überraschend, dass diese Bewegungen für eine Weiterentwicklung der Gesellschaft teilweise auf erhebliche Widerstände stießen. Immer, wenn der *Status quo* in Frage gestellt wird, wehren sich diejenigen, die sich mit der herrschenden Situation ganz gut arrangiert haben. Sie fürchten um ihren Wohlstand, ihre Besitzstände, um ihren eigenen Status. Sie fürchten sich vor Konkurrenz und davor, etwas abgeben zu müssen. Will man diese Kräfte mobilisieren, ist Populismus ein beliebtes Mittel. Dass man mit einer solchen Agitation der Gesamtentwicklung der Gesellschaft keinen Gefallen tut, muss hier nicht weiter ausgeführt werden. Die Beispiele sprechen eine deutliche Sprache, denn all die genannten Bewegungen haben unsere Gesellschaft moderner, gerechter und deshalb auch erfolgreicher und leistungsfähiger gemacht. Sie haben neue Kräfte zum Wohle der Gesellschaft freigesetzt und zu neuen Ideen und Innovationen geführt:

Es hat unserer Gesellschaft gut getan, dass

- die Arbeiterschaft heute ihre Rechte zusammen mit den Gewerkschaften aktiv und selbstbewusst wahrnimmt
- Frauen heute Familie und Beruf besser vereinbaren können, den Arbeitsmarkt bereichern und verstärkt in Führungspositionen aufrücken
- viele Kinder aus Arbeiterfamilien den sozialen Aufstieg durch Bildung geschafft haben

Aber wie sagte schon Willy Brandt bei seiner Abschiedsrede auf dem Kongress der Sozialistischen Internationale 1992: „Nichts kommt von selbst. Und nur wenig ist von Dauer. Darum – besinnt Euch auf Eure Kraft und darauf, dass jede Zeit eigene Antworten will und man auf ihrer Höhe zu sein hat, wenn Gutes bewirkt werden soll."

Die SPD sieht Integration als soziale Frage

Die SPD hat sich nie damit abgefunden, dass eine Gesellschaft so bleiben muss wie sie ist. Wir waren immer Motor für Veränderungen. Aus meiner Sicht gibt es starke Parallelen zwischen dem, was wir heute unter „Integration" diskutieren und den beschriebenen Emanzipationsbewegungen.

Wählt man den defizitorientierten Ansatz, dann kann man festhalten, dass es immer dann Schwierigkeiten bei der Integration gibt, wenn die Perspektiven fehlen, wenn sich das Gefühl verfestigt, ausgegrenzt zu sein, sich nicht oder nicht mehr als Teil der Gesellschaft zu fühlen. Dann ist die Grundlage gelegt, sich zurückzuziehen und sogenannte Parallelgesellschaften aufzusuchen oder aufzubauen. Arbeitslosigkeit, Bildungsferne, Unwissenheit, mangelnde Sprachkenntnisse, fehlende soziale Kontakte, fehlender kommunikativer Austausch – das sind die Faktoren, die die Spirale in Gang setzen, die dazu führt, dass Menschen sich immer mehr einigeln. Das ist einerseits der Nährboden für Rattenfänger, die unsere Demokratie unterwandern wollen, und andererseits einer der Gründe dafür, dass Menschen der Wille abhanden kommt, ihr Leben aktiv zu gestalten – nicht selten mit der verheerenden Folge, dass auch den Kindern jeglicher Ansporn auf die Gestaltung des eigenen Lebens fehlt.

So haben wir heute Bevölkerungsgruppen, deren gesellschaftliche Teilhabe aus verschiedenen Gründen nicht gewährleistet ist. Hier muss sozialdemokratische Integrationspolitik ansetzen – und zwar dadurch, dass wir Anreize schaffen. In den Debatten um Integrationspolitik wird leider immer wieder deutlich, dass viel miteinander vermischt wird was nicht vermengt werden sollte. Zuspitzungen, Polarisierungen und zum Teil auch Diskriminierungen gegenüber bestimmten gesellschaftlichen Gruppen führen zwar schnell zu hoher medialer Resonanz, können aber das gesellschaftliche Klima nachhaltig vergiften und den sozialen Zusammenhalt in Gefahr bringen.

Seien wir ehrlich: In der Regel folgen solche Debatten doch dem Motto „Auf die Schwächeren!" Was mit den Worten „Man muss in Deutschland ja noch sagen dürfen" eingeleitet wird, klingt wie ein Tabubruch, an dessen Ende fast immer eine Bevölkerungsgruppe am Pranger steht. Differenzierte Debatten sind dann kaum mehr möglich. Gegen solche Generalisierungen muss sich die deutsche Sozialdemokratie wehren, weil wir wissen, wo unsere Wurzeln sind, und weil wir wissen, dass Mitglieder unserer Partei immer wieder Opfer solcher Diskriminierungen waren.

Für uns als SPD steht fest, dass Regierungen und Parlamente die Aufgabe haben, Minderheiten zu schützen und politisch verantwortungsvoll auf Schieflagen in der Gesellschaft zu reagieren. Das heißt nicht, dass Minderheiten machen können was sie wollen. Jede und jeder ist an das Grundgesetz gebunden. Hier wird geregelt, was geht und was nicht geht. Ebenso klar ist, dass wir von jeder und jedem einfordern, ihren Platz in der Gesellschaft zu finden und ihren Beitrag zu leisten. Das steht nicht zur Diskussion. Dort, wo das nicht geschieht, muss der Staat eingreifen. Das gilt für das obere Ende der Gesellschaft ebenso wie für alle anderen.

Integrationspolitik bedeutet für mich folglich genau das: Menschen zu befähigen, ihren Platz in der Gesellschaft zu finden. Dafür ist es notwendig, einen Blick auf den Zustand unserer Gesellschaft zu richten.

Über Jahre hinweg hat sich in Deutschland die Vorstellung gehalten, dass die soziale Frage nach Lebenschancen und Lebensmöglichkeiten weitgehend gelöst sei. Die Vorstellung von einer „nivellierten Mittelstandsgesellschaft", die der konservative Soziologe Helmut Schelsky schon in den 1950er-Jahren verbreitete, war das flächendeckende Bild der deutschen Wohlstandsgesellschaft. Armut galt als Ausnahme – und wer doch zu den Ärmeren zählte, konnte die Leistungen des Sozialstaats in Anspruch nehmen. Ein Leben mit geringen finanziellen Möglichkeiten ist damit abgesichert, der Ausschluss von der Gesellschaft vermieden.

Es geht aber nicht nur um materielle Armut. Wie beschrieben, steht unser Land heute vor ganz anderen Herausforderungen: Arm an Bildung, arm an gesellschaftlicher Teilhabe, arm an Perspektiven oder arm am Willen zur Partizipation sind aus meiner Sicht die größeren Herausforderungen. Aus diesem Grund darf sich ein Staat nicht damit zufriedengeben, durch sozialstaatliche Maßnahmen Menschen zu alimentieren oder sagen wir es etwas forscher: ruhigzustellen. Debatten wie die um das bedingungslose Grundeinkommen führen genau in diese Richtung. Nein, die deutsche Sozialdemokratie hat immer dafür gekämpft, Lebensrisiken für Menschen abzusichern, die unverschuldet in Problemlagen geraten. Die SPD stand aber auch immer für den Leistungsgedanken – sie wollte Menschen in die Lage versetzen, aus eigener Kraft ihr Leben zu meistern, und ihnen bei Bedarf eine zweite, eine dritte Chance zu ermöglichen. Das ist der Sozialstaat, den wir meinen: Lebensrisiken absichern und Hilfestellung geben, um Teilhabe zu ermöglichen und Perspektiven aufzuzeigen. Ich lasse mir nicht einreden, dass es jemandem gut dabei geht, wenn er keine Aufgabe hat. Ausnahmen bestätigen sicher die Regel. Aber dieser Prozentsatz ist verschwindend klein und so üppig ist die soziale Absicherung dann auch wieder nicht, dass man damit in Saus und Braus leben kann – auch wenn Guido Westerwelle und die FDP das anders sehen. Jeder Mensch hat eine Würde. Jeder Mensch will gebraucht werden, davon bin ich fest überzeugt.

Wir dürfen dabei nicht verkennen, dass wir es in Deutschland mit verfestigten Problemlagen zu tun haben. Und auch wenn Armut relativ ist, muss doch festgehalten werden, dass die Schere zwischen Arm und Reich immer weiter auseinandergeht. Ich will es so formulieren: Die soziale Frage ist zurückgekehrt – wenn sie denn überhaupt jemals verschwunden war. Dafür gibt es Gründe, deren Ursachen es zu bekämpfen gilt.

Einige Beispiele: Auch wenn in Folge der Arbeitsmarktreformen und der guten Konjunktur zur Zeit eine Belebung des Arbeitsmarktes erfolgt, bleibt festzuhalten, dass sich seit den 1990er-Jahren eine nicht zu vernachlässigende Sockelarbeitslosigkeit verfestigt hat. Durch den Wegfall und den Zusammenbruch ganzer industrieller Zweige haben viele Arbeitnehmerinnen und Arbeitnehmer – gerade diejenigen mit geringerer Qualifikation – ihren Arbeitsplatz dauerhaft verloren. Das gilt übrigens auch für viele Einwanderinnen und Einwanderer der ersten Generation, die auf Grund ihrer oftmals geringeren Qualifikationen auf dem deutschen Arbeitsmarkt keine Perspektive mehr haben. Diesen zumeist älteren Menschen vorzuwerfen, sie wollen nicht arbeiten, bedeutet, ihre Lebensleistung zu verhöhnen. Eine Haltung, die ich nur zynisch nennen kann. Deshalb war es auch richtig und gerecht, das Arbeitslosengeld I zu verlängern. Denn die Chance für über 50-Jährige, eine Arbeit zu finden, ist nach wie vor gering. Viele dieser Menschen haben jahrzehntelang gearbeitet. Es ist eine Frage des Respekts, diese Leistung auch zu würdigen. Hier hat die Sozialdemokratie Fehler gemacht und unter anderem auch deswegen bei der Bundestagswahl 2009 eine Quittung erhalten.

Hinzu kommt die Frage der Löhne und damit ein wichtiger materieller Aspekt, der mit Würde und Anerkennung zu tun hat: Wer ganztägig arbeitet, der muss von seiner Arbeit leben können. Niedriglöhne von 4 Euro oder weniger sind menschenunwürdig. Dass insbesondere Einwanderinnen und Einwanderer unter solchen Löhnen leiden, ist kein Geheimnis. Wie viele Milliarden werden ausgegeben, weil die Menschen aufstocken müssen, weil hart Arbeitende zum Jobcenter gehen müssen, obwohl sie den ganzen Tag geackert haben, aber ihre Familien von ihrem Lohn nicht ernähren können? Über 1,3 Millionen Menschen sind sogenannte Aufstocker. Das ist eine Demütigung für alle, die nichts mit Links oder Rechts zu tun hat. Deutlich über 2 Millionen haben einen Bruttostundenlohn unter 6 Euro. Etwa 5 Millionen liegen unter 8 Euro. Das ist der Grund, warum wir einen flächendeckenden gesetzlichen Mindestlohn fordern. Auch hier gilt: So wichtig es 2003 war, unsere Volkswirtschaft mit den Arbeitsmarktreformen für die Zukunft aufzustellen, so falsch war es damals, den gesetzlichen Mindestlohn nicht gleich mit einzuführen. Hier besteht dringend Korrekturbedarf. Selbst aus ökonomischer Sicht sind Hungerlöhne Unsinn, denn sie kosten erstens den Steuerzahler viel Geld, und zweitens entstehen Löcher in der Rentenkasse, weil nichts eingezahlt wurde, und die Gefahr von Altersarmut wächst.

Das Deutsche Institut für Wirtschaftsforschung hat im Juli 2011 in einer Studie festgestellt, dass in den vergangenen zehn Jahren, insbesondere die Geringverdiener einen Reallohnverlust von bis zu 22 Prozent verkraften mussten. Während die Wirtschaft seit der Jahrtausendwende wuchs und die Gewinne und Vermögenseinkommen kräftig stiegen, die Besserverdiener leichte Lohnzuwächse verzeichneten, kam bei den normalen Arbeitnehmerinnen und Arbeitnehmer nichts an. Im Gegenteil: Ihr Einkommen sank. Kein Wunder, dass Abstiegsängste und Verunsicherung entstehen. Auch in der Wirtschafts- und Finanzkrise waren die Arbeitnehmerinnen und Arbeitnehmer diejenigen, die Lohnzurückhaltung übten und so den Aufschwung ermöglichten. Und bei der Rettung der Banken wurden die Spekulationsverluste sozialisiert. Auch wenn diese Entscheidungen damals notwendig waren, bleibt ein fader Nachgeschmack. Wenn die Bundesregierung eine Steuerreform umsetzen will, die Besserverdiener zusätzlich entlastet, während die Geringverdiener in die Röhre schauen, dann wird ein weiteres Auseinanderdriften unserer Gesellschaft in Kauf genommen. Deshalb verweise ich darauf: Faire Bezahlung für alle ist praktische Integrationspolitik. Lohn ist

Anerkennung und Teilhabe gleichermaßen und sichert den inneren Frieden einer Gesellschaft.

Ein zweites wichtiges Signal, das deutlich machte, dass in diesem Land wieder verstärkt über die soziale Frage diskutiert werden muss, waren die Ergebnisse der ersten PISA-Studie im Jahre 2000. Der Bevölkerung und auch der Politik wurde deutlich vor Augen geführt, dass unser Bildungssystem erhebliche Defizite aufweist. Deutsche Schüler rangierten nach ihren Kompetenzen im unteren Mittelfeld aller OECD-Staaten. Das Land der Dichter und Denker fiel beim Bildungsranking weit ab. Eine Schmach. Dass es Handlungsbedarf gab, hatte man bereits vorher gewusst, aber die ideologischen Grabenkämpfe in der Bildungspolitik verhinderten nicht selten weitreichende Maßnahmen, um das deutsche Bildungssystems aufzubrechen. Die PISA-Studie half, die verhärteten Fronten ein wenig aufzuweichen, indem sie explizit nachwies, dass die soziale Herkunft gravierenden Einfluss auf die Bildungschancen hat: Kindern und Jugendlichen aus einem durchschnittlichen Arbeiter- und Angestelltenhaushalt werden weitaus geringere Bildungschancen gewährt und Kindern aus Familien, die unter der offiziellen Armutsgrenze leben müssen, bieten sich hierzulande kaum Möglichkeiten, höhere Bildungswege einzuschlagen. Und wieder sind überdurchschnittlich viele Kinder aus Einwandererfamilien betroffen.

Die Sozialdemokratie ist sich dieser Herausforderung bewusst. Deshalb engagieren wir uns so intensiv für mehr Bildungsgerechtigkeit - gerade in den Bundesländern, in denen wir politische Verantwortung tragen: Dazu gehören neben kompletter Gebührenfreiheit für Bildungsangebote von der Kita bis zur Hochschule, bestmöglichen Qualitätsstandards, Sprachkursen und größtmöglichen Betreuungs-Angeboten, insbesondere der Anspruch auf Durchsetzung eines flächendeckenden Ganztagsangebots. Mit dem 4 Milliarden Euro umfassenden Ganztagsschulprogramm hat die ehemalige Bundesregierung Schröder einen beeindruckenden Paradigmenwechsel eingeleitet, dem sich auch die Konservativen heute kaum mehr verweigern können. Erste positive Trends zeichnen sich ab, aber wir werden noch viel mehr in die Köpfe und die Zukunft unserer Kinder investieren müssen, um Versäumnisse aufzuholen. Angesichts der Entwicklungen ist es kaum verwunderlich, wenngleich auch reichlich verspätet, dass sich auch die CDU zu einer neuen programmatischen Ausrichtung ihrer Schulpolitik durchgerungen hat, die Ganztagsschulen als Zielsetzung formuliert und unter anderem vorsieht, die Hauptschulen abzuschaffen.

Als drittes Signal will ich noch an die Veröffentlichung der Studie der Friedrich-Ebert-Stiftung „Politische Milieus in Deutschland" von Gero Neugebauer aus dem Jahre 2007 erinnern. Das Brisante dieser Studie war ja nicht nur die Erkenntnis, dass es arme Schichten in Deutschland gibt, sondern dass es viele Menschen gibt, die sich zur „abgehängten Schicht" zählen – dem sogenannten „Prekariat". In ihrer Selbsteinschätzung erwarten diese „Abgehängten" oder „Ausgeschlossenen" nicht mehr, dass sie einen gesellschaftlichen Aufstieg realisieren können. Ihnen ist nicht nur der Aufstiegswillen abhanden gekommen, sondern auch der Aufstiegswunsch.

Wenn wir diese drei Aspekte betrachten, stellen wir fest, dass Deutschland in der Tat vor der großen Herausforderung steht, Antworten auf diese sozialen Fragen zu geben. Wiederum sind es die Themen Arbeit/Löhne, Bildung und mangelnde gesellschaftliche Teilhabe, die Kern dieser sozialen Frage sind. Wer, wenn nicht die Sozialdemokratie, kann Antworten auf diese Fragen geben. Die anderen Parteien bedienen in der Regel Partikularinteressen – selten ist dies so deutlich geworden wie unter der amtierenden schwarz-gelben Bundesregierung. Für die SPD aber steht der Zusammenhalt der Gesellschaft im Vordergrund: Soziale Gerechtigkeit.

Aus diesem Grund ist Integrationspolitik für mich eben vorrangig eine soziale Frage, die sicherlich auch überdurchschnittlich viele Einwandererfamilien betrifft. Da für mich aber der soziale Zusammenhalt das Ziel politischer Arbeit ist, leuchtet es mir nicht ein, welchen Sinn es machen sollte, bei der Beantwortung sozialer Fragen eine Trennung zwischen „Biodeutschen" (um auch dieses Unwort mal zu verwenden) und Einwanderern der ersten, zweiten oder dritten Generation zu machen.

Die große Herausforderung für die deutsche Sozialdemokratie in den nächsten Jahren wird sein, ob es uns gelingt, die Entwicklungen im Bereich der Integration und Migration als eine Frage des sozialen Zusammenlebens und der sozialen Gerechtigkeit zu verstehen und als neue historische Emanzipationsaufgabe anzugehen, indem wir dafür sorgen, dass wir Teilhabe über Bildung und Arbeit für alle sicherstellen. Ich finde: Historisch sind wir dazu verpflichtet.

Mögen Bürgerinnen und Bürgern sowie große Teile der Medien von der Annäherung der Parteien sprechen – in der Integrationspolitik zum Beispiel bestehen tiefgreifende Unterschiede. Die Sozialdemokratie versteht ihre politische Gestaltungsaufgabe in der Integrationspolitik nicht als etwas, das man nebenbei erledigen kann. Integration ist vielmehr das Megathema, das in alle anderen gesellschaftlichen Lebensbereiche hineinreicht. Integrationspolitik ist Teilhabe, ist Arbeitsmarktpolitik, ist Bildungspolitik, ist Gesundheitspolitik, ist Kulturpolitik, ist Rentenpolitik, ist Familienpolitik. Integration ist Querschnittsaufgabe.

Dabei gilt: Eine Facette der Integrationspolitik – allerdings nicht die einzige – sind migrationsspezifische Fragestellungen. Einwanderinnen und Einwanderer, die sich ganz selbstverständlich als Teil unserer Gesellschaft verstehen, haben die Erfahrung gemacht wie wichtig für sie Anreize, Angebote und die Anerkennung der individuellen Anstrengungen und persönlichen Leistungen sind. Ein Land, dessen Bevölkerung sich zu fast 20 Prozent aus Einwanderern und ihren Familien zusammensetzt und weiterhin auf Einwanderung angewiesen ist, ist daher gut beraten, eine Anerkennungs- und Willkommenskultur zu leben, um den Zusammenhalt der Gesellschaft zu wahren. Dazu gehört einerseits, die politische Partizipation sicherzustellen, indem neben dem Wahlrecht und durch das Angebot der Doppelten Staatsbürgerschaft, eine höhere Verbundenheit zu Deutschland geschaffen und persönliche Identitätskonflikte minimiert werden. Insbesondere das unsinnige Optionsmodell für Kinder aus Einwandererfamilien, die in Deutschland geboren wurden, sich aber im Alter von 18 bis 23 Jahren für oder gegen die deutsche Staatsbürgerschaft entscheiden müssen, gehört abgeschafft. Es ist gut, dass die Bundesländer hier einen neuen Vorstoß gemacht haben.

Andererseits müssen Einwanderer und Einwanderinnen, der gesellschaftlichen Realität entsprechend, verstärkt in zentralen Bereichen des sozialen Lebens sichtbar werden. Wir alle haben dafür zu sorgen, dass Wirtschaft, Behörden, Verwaltungen, Polizei, Medien und auch die Politik breiter aufgestellt wird, damit alle gesellschaftlichen Gruppen von den Verantwortungsträgerinnen und Verantwortungsträgern des Landes entsprechend repräsentiert werden und umfassend in politische Entscheidungsprozesse eingebunden werden. Das gilt auch für die SPD.

Der Blick in unsere Ortsvereine und auf die sogenannte mittlere Funktionärsebene zeigt: Nur selten finden wir dort Mitglieder mit Einwanderungsgeschichte. Ein Blick auf die Hauptamtlichen macht deutlich, dass sich in den vergangenen Jahren zwar einiges getan hat – dennoch gilt auch hier: ausbaufähig. Der Blick an die Spitze der Partei verrät: Mitglieder mit Migrationserfahrung bleiben Fehlanzeige.

Dies ist umso ärgerlicher, da in der SPD zahlreiche Mitglieder mit Einwanderungsgeschichte bzw. Mitglieder, deren Eltern oder Großeltern aus anderen Ländern nach Deutschland gekommen sind, beheimatet sind. Gerade für Einwanderinnen und Einwanderer, die im Zuge der Anwerbeabkommen nach Deutschland gekommen sind, bot die SPD schon auf Grund ihrer politischen Schwerpunktsetzung auf Arbeit, soziale Gerechtigkeit und gesellschaftlicher Zusammenhalt ein politisches Zuhause.

Leider haben wir es bisher nur unzureichend geschafft, diese spezifischen interkulturellen Erfahrungen mit Hilfe sichtbarer Persönlichkeiten stärker in unsere politische Arbeit einfließen zu lassen. Eine Partei kann aber nur dann für sich den Anspruch erheben, für alle zu sprechen, wenn ihre Fühler auch in alle Bereiche des gesellschaftlichen Lebens reichen. Da die SPD über eine große Zahl an Mitgliedern verfügt, die die Lebensrealität von Einwanderfamilien in die politische Programmatik einfließen lassen können, sollten wir zügig dafür sorgen, dieses Potenzial auszuschöpfen – unter anderem dadurch, entsprechend mehr Mitglieder mit Migrationserfahrungen in Spitzenfunktionen zu wählen.

Vor diesem Hintergrund beschäftigte sich die „Zukunftswerkstatt Integration" intensiv mit dem Thema „Interkulturelle Öffnung der SPD". Ideen und Anregungen von Non-Profit-Organisationen wurden aufgenommen und beraten. Da die Arbeit der Zukunftswerkstatt auf zwei Jahre angelegt war und mit dem Ordentlichen Bundesparteitag 2011 endet, haben wir im Rahmen der Parteireformdebatte engagiert dafür geworben, dauerhafte Strukturen innerhalb der SPD zu verankern, die es ermöglichen, diese Zielgruppe stärker einzubeziehen.

In diesem Zusammenhang möchte ich nicht verhehlen, dass ich kein Freund von Quoten bin. Dem Anfang 2011 innerhalb der SPD diskutierten und dann vom Parteivorstand beschlossenen Vorschlag, eine sogenannte „Migrantenquote" einzuführen, stehe ich zwiespältig gegenüber. Einerseits deshalb, weil ich der Auffassung bin, dass es selbstverständlich werden muss, dass sich Mitglieder mit Einwanderungserfahrung zu allen relevanten Themen des gesellschaftlichen Lebens und bei allen politischen Entscheidungen zu Wort melden und ihre Positionen einbringen. Eine Quote wirkt da immer ein wenig kontraproduktiv, weil sie innerhalb der Partei umgehend Neider auf den Plan ruft und einen Sonderstatuts schafft, der zu Recht auch Begehrlichkeiten von anderen Interessensgruppen weckt. Zudem beschweren sich viele Mitglieder mit Einwanderungsgeschichte darüber, dass sie sich qua ihrer eigenen Persönlichkeit und ihrer Fähigkeiten und nicht wegen eines spezifischen „Merkmals" für Spitzenfunktionen empfehlen wollen. Ich halte das Instrument auch deshalb für schwierig, weil es aus meiner Sicht nahezu unmöglich ist, zu definieren, bis wann jemand als „Migrantin" oder „Migrant" bezeichnet werden kann.

Auch kulturell-politisch bewerte ich eine solche Quote durchaus kritisch, weil ich dafür werbe, dass diese „Ihr-und-wir-Debatte" endlich überwunden wird und wir dafür sorgen sollten, den Begriff „Migrant" sukzessive aus unserem Vokabular zu streichen, um die Agitatoren, die diese Termini gerne zur Stigmatisierung und Ausgrenzung nutzen, besser bloßstellen zu können. Andererseits weiß ich auch, dass Quoten auf dem Weg zu einer vollen Gleichberechtigung ein hilfreicher Zwischenschritt sein können. In der Gesamtabwägung setze ich aber eher darauf, dass innerhalb der Partei die Selbsterkenntnis Fuß fasst, dass hier dringend Änderungsbedarf besteht.

Trotz meiner Skepsis gegenüber der Quote sehe ich die dringende Notwendigkeit zu einer verstärkten interkulturellen Öffnung meiner Partei, die eine gleichberechtigte Teilhabe und die Verwirklichung von Chancengleichheit von Einwanderern und Einwanderinnen auf allen politischen Ebenen der SPD ermöglicht: Die SPD muss vielfältiger und bunter werden.

Dass die SPD hier, wie andere Parteien und gesellschaftliche Organisationen und Verwaltungen, dringend Handlungsbedarf hat, haben wir als „Zukunftswerkstatt Integration" gleich zu Beginn unserer Arbeit diagnostiziert. In unseren „Zehn Zielen" haben wir daher festgehalten: „Für jeden, der sich für Freiheit, Gerechtigkeit und Solidarität engagieren will, ist Platz in unserer Partei – dieses Kernversprechen der deutschen Sozialdemokratie müssen wir erneuern und zeitgemäß weiterentwickeln. In einer Zeit, in der Deutschland vielfältiger wird, immer mehr Menschen unterschiedlicher Herkunft, Religion und Weltanschauung in unserem Land zusammenleben, muss auch die SPD selbst vielfältiger werden, um Volkspartei zu bleiben. Wir wollen mit unserer Politik gesellschaftliche Vielfalt und Teilhabe fördern. In unserer Partei wollen wir sie vorleben."

Dieses Ziel zu realisieren, ist kein „Gnadenakt", sondern vielmehr eine dringende Notwendigkeit auf dem Weg zur Weiterentwicklung der Volksparteien in Deutschland. Wenn man es dramatisch will: Es ist eine Frage des Überlebens für die SPD. Es ist darüber hinaus ein Zeichen dafür, dass eine Politik der Anerkennung und Willkommenskultur glaubhaft in der eigenen Partei gelebt werden muss, um auf dieser Basis authentisch in der Gesellschaft noch stärker dafür werben zu können. Von der Formulierung eines Ziels bis hin zur Realisierung ist es indes oft ein weiter Weg. Wir haben verschiedene Vorschläge gemacht, deren detaillierte Vorstellung hier den Rahmen sprengen würde. Welche davon final realisiert werden, ist im Moment noch nicht abzuschätzen, da der Entscheidungsprozess innerhalb der Partei derzeit im Gange ist. Ich bin mir aber sicher, dass sich hier einiges bewegen wird, dass wir vieles angestoßen haben und dass es sich in den kommenden Monaten und Jahren lohnt, die SPD auf diesem Weg aktiv zu begleiten.

Perspektive Bildung

Die Zielsetzung ist klar: Herkunft darf kein Schicksal sein. Das war immer der Kern sozialdemokratischer Politik, vor allem sozialdemokratischer Bildungspolitik. Dieses Ziel endlich zu verwirklichen, ist die große Aufgabe vor der wir stehen. Gerade wenn wir über Integration reden, wird die Herkunft oft als Schicksal empfunden und manchmal auch zum Schicksal gemacht. Lange galt in unserem Land der Leitgedanke: Mein Kind soll es einmal besser haben. Dieses Aufstiegsmotiv ist inzwischen vielfach verlorengegangen. Das hat etwas mit persönlichen Erfahrungen und fehlender Perspektive zu tun – und mit dem verbreiteten Unverständnis darüber, dass es uns in Deutschland immer noch nicht gelingt, allen die gleiche Chance zu geben.

„Bildung, Bildung, Bildung" – fragt man diejenigen, die in Deutschland den Aufstieg geschafft haben, nach ihren eigenen Erfahrungen, dann ist das meist der Schlüsselbegriff. Schaut man auf gelungene Integration, dann wird deutlich: Aufstiegswille und Bildung gehen Hand in Hand. Bildung ist meist der Zündschlüssel zum Integrationsmotor. Bildung ermöglicht erfolgreiche Aufstiege. Doch Aufstieg durch Bildung erfordert Anstrengung und Durchsetzungsvermögen. Einfach ist es nicht. Aufstieg durch Bildung kann eine Einzelleistung sein. Doch wenn wir wirklich weiterkommen wollen, dürfen solche Aufstiegsgeschichten nicht von Zufällen abhängig sein und sie dürfen auch nicht nur auf Einzelfälle zutreffen. Unser Ansatzpunkt muss ein anderer sein: „Wir wollen kein Kind zurücklassen." Voraussetzung dafür ist eine Politik, die Bildung für alle und Bildungsgerechtigkeit in den Mittelpunkt ihrer Arbeit stellt. Hier werden die zentralen Weichenstellungen vorgenommen, um gesellschaftliche Teilhabe sicherzustellen. Bildungsausgaben sind Investitionen in die Köpfe unserer Kinder und damit in die Zukunft unseres Landes. Deshalb ist in Berlin Bildung Schwerpunkt unserer politischen Arbeit. Das zeigt sich auch im Haushalt. Es sind gerade die großen Städte, in denen sich die großen Herausforderungen unserer Zeit wie in einem Brennglas widerspiegeln. Hier müssen Antworten auf die sozialen Fragen gegeben werden. Bildung ist eine Antwort. Heutige Anstrengungen im Bildungsbereich verhindern, dass wir morgen reparieren müssen. Vorausschauende Politik setzt auf Prävention.

So richtig es ist, dafür zu sorgen, unsere Haushalte zu konsolidieren, so falsch ist es, Einsparungen bei zukunftsgerichteten Investitionen vorzunehmen. Ich erwähne das deshalb, weil diese Diskussion immer mal wieder angezettelt wird. Deshalb plädiere ich dafür, unredliche Debatten zu unterlassen, die versuchen, Bildungsausgaben und Haushaltskonsolidierung gegeneinander auszuspielen. Beides ist wichtig. Gerade wir in Berlin wissen das. Den Haushalt zu konsolidieren und in die Köpfe unserer Kinder zu investieren ist möglich, wenn man nicht mit ideologischer Verblendung veraltete Politikansätze verfolgt.

Immer wieder wird mir vorgeworfen, das Berliner Bildungssystem auf Kosten anderer zu finanzieren. Wer das behauptet, der verkennt die Realität. Die großen Städte stehen auf Grund ihrer Sozialstruktur vor enormen Herausforderungen, die sicher größer sind als in manchem Flächenland. Wenn wir heute nicht den Paradigmenwechsel hin zu einer präventiven Politik einleiten, wird uns morgen vorgeworfen, wir hätten zu wenig getan. Bildung, Qualifizierung und Weiterqualifizierung erhöhen die Chancen auf dem Arbeitsmarkt und verhindern das Risiko, langzeitarbeitslos zu werden. Bildung ist eine gesamtstaatliche Aufgabe. Niemand kann ein Interesse daran haben, dass die Kinder in den großen Städten, die nicht selten herkunftsbedingt benachteiligt sind, geringere Startchancen auf gute Ausbildung erhalten als Kinder, die das Glück haben in gut situierten Familien groß zu werden. Welche Prioritäten im Bildungsbereich gesetzt werden, muss jedes Bundesland für sich selbst entscheiden, denn die Ausgangssituationen sind sehr unterschiedlich.

Ich werde in diesem Kapitel darlegen, mit welchen Ansätzen wir in Berlin versuchen, die Herausforderungen im Bildungsbereich zu meistern. Ich tue das auch deswegen, weil ich der festen Überzeugung bin, dass sich Berlin konsequent auf den Weg gemacht hat, hier die richtigen Antworten zu geben und umzusetzen. Berlin ist Vorbild und hat Modellcharakter. Anstatt pauschal zu attackieren, kann ich nur sagen: Schaut genau auf die bildungspolitischen Ansätze in dieser Stadt und setzt euch inhaltlich mit unserer Bildungspolitik auseinander. Denn das, was wir in Berlin machen, wird mehr und mehr auch in anderen Städten und Gemeinden Nachahmer finden (müssen).

Abschließend werde ich ergänzend zu unseren Berliner Maßnahmen die Beratungen aus der „Zukunftswerkstatt Integration" zusammenführen, die deutlich machen, wie sich die deutsche Sozialdemokratie im Idealfall die zukünftige Bildungslandschaft vorstellt und welche Handlungsempfehlungen ihr vorschweben – wohl wissend, dass schon aus materiellen Gründen nicht alle diese Forderungen von heute auf morgen realisiert werden können. Dennoch gilt: Sich programmatisch als Partei aufzustellen, bedeutet, Ziele zu formulieren und diese sukzessive Realität werden zu lassen.

Die Ausgangslage

Deutschland ist in vielen Bereichen Vorbild für andere Länder. Wir haben einen hohen Lebensstandard, ein im Wesentlichen funktionierendes Sozialsystem, eine flächendeckende Gesundheitsversorgung, eine erfolgreiche mittelständisch und großindustriell geprägte Wirtschaft, Mitbestimmungsrechte und eine überwiegend gelingende Sozialpartnerschaft von Gewerkschaften und Wirtschaft, effektive Umweltschutzmaßnahmen und ein starkes demokratisches System. Und wir sind das Land der „Dichter und Denker" – oder waren wir es? Lange Zeit sind wir davon ausgegangen, dass Deutschland auch über ein hervorragendes Bildungssystem verfügt. Die Resultate des ersten PISA-Berichts im Jahre 2000 holten uns auf den Boden der Tatsachen. Diese Studie war wie ein dringend notwendiger Schock, der uns vor Augen geführt hat, dass wir gerade dabei sind, unsere Zukunft zu verspielen.

Die Ergebnisse der PISA-Studie bestätigten empirisch, wie eindeutig der Zusammenhang zwischen Bildungsarmut und sozialer Herkunft ist und dass gerade Deutschland enormen Nachholbedarf hat, um Bildungsunterschiede zu kompensieren und wirkliche Bildungsgerechtigkeit zu schaffen. Heike Solga und Justin Powell konstatieren in ihrem Aufsatz „Gebildet – Ungebildet" (2006), wie sehr Bildungsarmut die Spaltung der Gesellschaft bedingt. Sie verweisen darauf, dass PISA 2000 deutlich machte, dass die Differenz in der Lesekompetenz zwischen Kindern aus dem obersten und dem untersten Viertel der Sozialstruktur fast zwei Kompetenzstufen beträgt. PISA 2003 ermittelte, dass auch für die mathematischen Kompetenzen ein Unterschied von eineinhalb Kompetenzstufen festzustellen ist. Hinzu kommt, dass Jugendliche aus dem untersten Viertel der Sozialstruktur bei gleicher Kompetenz eine achtfach geringere Chance, das Gymnasium zu besuchen, als Kinder aus dem obersten Viertel.

Es bleibt also festzuhalten, dass die Beseitigung von Bildungsarmut und damit die Beseitigung der Ungerechtigkeiten im Bildungssystem eine der dringendsten Herausforderungen ist, der sich unsere Gesellschaft und die Politik annehmen muss, wenn wir unsere Zukunft nicht verspielen wollen.

Auch wenn viele Befunde verdeutlichen, dass Bildungsarmut insbesondere eine soziale Frage ist, darf natürlich nicht verschwiegen werden, dass in Einwandererfamilien die ohnehin oftmals vorhandenen schlechteren sozio-ökonomischen Verhältnisse häufig durch Sprachdefizite noch verschärft werden. Diese Verquickung führt dazu, dass überdurchschnittlich viele Kinder aus Einwandererfamilien im Bildungssystem auf Grund ihrer Herkunft benachteiligt sind.

Zieht man die Erhebungen des Statistischen Bundesamtes für 2009 heran, wird deutlich, dass die Schülerinnen und Schüler ohne deutsche Staatsangehörigkeit unter allen Schülerinnen und Schülern einen Anteil von 8,6 Prozent ausmachen. Während diese Jugendlichen in einem ähnlich hohen Anteil in Realschulen gehen (8,4 Prozent), sind sie in den Hauptschulen (19,6 Prozent) und Gesamtschulen (13,4 Prozent) überrepräsentiert. In der Gruppe der Gymnasiasten stellen Jugendliche ohne deutsche Staatsangehörigkeit indes nur einen Anteil von 4,4 Prozent.

Betrachtet man die Schulabschlüsse wird deutlich, dass 38,9 Prozent der ausländischen Schülerinnen und Schüler einen Hauptschulabschluss machen (deutsche: 19,7 Prozent) und 34,4 Prozent (deutsche: 41,1 Prozent) ihre Schullaufbahn auf der Realschule erfolgreich beenden, während nur 12,9 Prozent (deutsche: 35,5 Prozent) die Hochschulreife erwerben. Dramatisch ist vor allem der hohe Anteil derjenigen, die ohne Abschluss das deutsche Bildungssystem verlassen. Während der Anteil insgesamt bei 6,5 Prozent aller Schülerinnen und Schüler liegt, gehen 13,8 Prozent der ausländischen Jugendlichen ohne Abschluss von der Schule (bei den männlichen Jugendlichen sind es sogar 16,1 Prozent). Generell muss festgestellt werden, dass Jungen deutlich schlechter abschneiden als Mädchen.

Die nüchterne Betrachtung der Zahlen gibt zwar keinen Anlass zum Jubeln, aber der Blick auf die Entwicklungen der vergangenen zehn Jahre zeigt eindeutig erfreuliche Trends: So reduzierte sich der Anteil der Schulabbrecher von 1999 bis 2009 von 8,9 Prozent auf 6,5 Prozent. Dazu trug wesentlich bei, dass sich gerade bei ausländischen Schülerinnen und Schülern eine positive Entwicklung erkennen lässt: Verließen 1999 noch fast 20 Prozent die Schule ohne Abschluss, sind es heute 13,8 Prozent. In den vergangenen zehn Jahren fiel der Anteil der Schulabbrecher kontinuierlich. Als ebenfalls erfreuliche Entwicklung bleibt festzuhalten, dass der Anteil derer, die im Rahmen beruflicher Bildung oder ergänzender Bildungsangebote ihren Schulabschluss nachholen, deutlich im Steigen begriffen ist (von 13,5 Prozent auf 17 Prozent bei mittleren

Abschlüssen; von 11 Prozent auf 17 Prozent bei der allgemeinen Hochschulreife). Das alles darf aber natürlich nichts am
Ziel ändern: Kein Jugendlicher soll die Schule ohne Abschluss
verlassen, denn jeder Schulabbrecher ist einer zu viel.

Aber auch insgesamt sind positive Tendenzen erkennbar:
Machten 1999 noch 28,9 Prozent der ausländischen Schülerinnen und Schüler einen Realschulabschluss, waren es 2009
bereits 34,4 Prozent. So nähern sich die ausländischen Jugendlichen den deutschen immer mehr an. Und auch der Anteil
der Absolventen mit Hochschulreife hat sich seit 2005 von
10,1 Prozent auf 12,9 Prozent kontinuierlich erhöht, wenngleich hier der Abstand zur deutschen Vergleichsgruppe weiterhin gravierend ist. Diese Zahlen, wenngleich sie nur eine
grobe Unterscheidung in Jugendliche mit und ohne deutsche
Staatsbürgerschaft vornehmen, machen zwei Punkte deutlich:
Es gibt erkennbare Erfolge im Bildungssystem, die es auch zu
würdigen gilt. Es gibt weiter Handlungsbedarf.

Denn egal, ob es sich um Kinder mit oder ohne Staatsbürgerschaft handelt: Politik hat dafür zu sorgen, dass eben kein
Kind zurückgelassen wird. Es erschließt sich mir überhaupt
nicht, Defizite in unserem Bildungssystem aufzulisten und
diese zu benutzen, um Ressentiments gegen Einwanderer zu
schüren, wie das immer wieder getan wird. Nicht nur, dass solche Debatten den sozialen Frieden stören und den Zusammenhalt der Gesellschaft insgesamt gefährden, sie lenken davon
ab, dass diese Fakten Folgen versäumter Integrationspolitik
sind. So wird in der Soziologie und in der Migrationsforschung
seit langem darauf hingewiesen, dass aufgrund einer fehlen-
den Einwanderungskultur und vor dem Hintergrund der
Arbeitskräfteanwerbung seit den 1960er-Jahren für spezifische Berufsfelder in Deutschland eine migrationsspezifische
"Unterschichtung" der deutschen Gesellschaft stattgefunden
hat. Viele der Einwanderer kamen als Arbeiter, waren weniger gut gebildet und fanden sich eher am unteren Ende der
Einkommensskala wieder. Hinzu kamen die Sprachbarrieren.
Dies wurde jahrelang akzeptiert, ohne Gegenmaßnahmen

einzuleiten und führte dazu, dass soziale und bildungsspe-
zifische Problemlagen auf die nachfolgenden Generationen
vererbt wurden. Dass dies Folgen einer verfehlten Politik
sind, wird auch deutlich, wenn man sich die Befunde nach
Herkunftsländern gegliedert anschaut. Hier gibt es ein starkes Gefälle. Während Kinder aus binationalen Familien und
Einwandererkinder aus Vietnam, der Ukraine und dem Iran
große Bildungserfolge verzeichnen – nicht selten auch im
Vergleich zu deutschen Kindern –, sind vor allem bei Kindern
bzw. Enkelkindern aus Familien, die im Rahmen der Anwerbeabkommen nach Deutschland gekommen sind, Schwierigkeiten zu verzeichnen. Kroaten und Spanier schneiden da noch
vergleichsweise ordentlich ab – für die Nachkommen italie-
nisch-, türkisch- und serbischstämmiger Einwanderer sieht es
weitaus schlechter aus. Es spielt also eine erhebliche Rolle,
aus welchem Land die Familien nach Deutschland kamen und
welchen sozio-ökonomischen Status sie mitbringen.

Sollen wir jetzt darüber lamentieren oder sollen wir die an-
stehenden Aufgaben angehen? Wenn wir feststellen, dass sich
neben den migrationsspezifischen Herausforderungen bei
den Einwanderern vor allem schichtspezifische Komponenten
auswirken, die auch bei einkommensschwächeren deutschen
Familien anzutreffen sind, dann gilt es dafür zu sorgen, dass
diese sozialen Ursachen mit Hilfe eines gut funktionierenden
Bildungssystems so gut wie möglich beseitigt werden. Dabei
interessiert mich nicht, aus welchen Ländern Familien vor
50 Jahren nach Deutschland eingewandert sind. Ich stelle fest:
Wir haben Nachholbedarf. Mit Hilfe maßgeschneiderter Angebote müssen vorhandene individuelle Defizite bei den Kindern und Jugendlichen abgebaut und eine optimale Förderung
erzielt werden.

Bildungsarmut in Deutschland hat viele Faktoren, die angegangen werden müssen. Neben staatlichen Angeboten, deren
Ziel es sein muss, für mehr Bildungsgerechtigkeit zu sorgen
und die sozialen Ursachen für Benachteiligungen zu bekämpfen, geht es darum, in die Familien hineinzuwirken und deut-

lich zu machen, wie entscheidend Bildung für die Zukunft der Kinder ist.

Bildungsgerechtigkeit bedeutet, vorhandene Talente und Fähigkeiten optimal auszuschöpfen und faire Chancen zu schaffen. Bildungsgerechtigkeit bedeutet nicht alles und alle gleichzumachen, wie uns von manchen Konservativen immer wieder vorgeworfen wird. Jedes Kind muss nach seinen Fähigkeiten individuell und bestmöglich gefördert werden. Dabei gilt, dass unser Bildungssystem per se auf Leistung ausgerichtet ist. Dies bedeutet, dass auch die individuelle Leistungsbereitschaft über den Bildungserfolg entscheidet. Um das jeweils vorhandene Potenzial bei jedem Kind und Jugendlichen optimal fördern zu können, müssen wir also auch stärker die Rahmenfaktoren in den Blick nehmen, die die jeweilige Leistungsbereitschaft bestimmen. Sie sind vielfältig:

- Für den Bildungserfolg ist nachweislich die soziale Situation der Familien ausschlaggebend. Eltern mit geringeren Einkommen haben oftmals nicht die ökonomischen und zeitlichen Kapazitäten, ihre Kinder hinreichend zu unterstützen. Umgekehrt kann nachgewiesen werden, dass einkommensstärkere Familien weitaus größere Bildungsinvestitionen tätigen und die Motivations- und Erwartungslage der Eltern gegenüber ihren Kindern größer ist.
- Auch das Bildungsniveau der Eltern hat Einfluss auf die mögliche Ausschöpfung der Bildungspotenziale ihrer Kinder. Statistisch gesehen haben Kinder eine dreimal so hohe Chance im Bildungssystem, wenn ihre Eltern studiert haben.
- Hinzu kommt die Bedeutung der sogenannten „Peer Groups". Die Motivation und Leistungsbereitschaft der Jugendlichen ist in einem engen Zusammenhang mit deren individuellen Umfeld zu sehen. Insofern spielt auch die Zusammensetzung der Schulklassen eine Rolle. Die Sozialstruktur in Schule und Umgebung ist häufig eine relevante und nicht zu übersehende Ursache von Bildungsbenachteiligung.

- Migrationsspezifische Merkmale können hinzutreten. Damit ist vor allem die vorrangig gesprochene Sprache bzw. der Sprachmix gemeint, der in den Familien vorherrscht. Die PISA- und die IGLU-Studien haben den Einfluss des Gebrauchs der deutschen Sprache betont und darauf hingewiesen, dass bis zu 40 Prozent der Kompetenzunterschiede in Mathematik, Naturwissenschaften und Lesen damit zusammenhängen.
- Ein weiterer Grund ist in leistungsunabhängigen Diskriminierungsformen zu finden. Vor allem bei den Empfehlungen für weiterführende Schulen durch die Grundschullehrer sind empirisch „soziale Filter" nachgewiesen worden. So wurde festgestellt, dass bei Kindern aus sozial schwächeren Familien oder bei Einwandererkindern bei vergleichbaren Leistungen Schulempfehlungen ausgesprochen werden, die auf einen niedrigeren Schulabschluss zulaufen.

Mittlerweile ist unbestritten, dass Verbesserungen bei Bildungschancen nicht mehr nur im Bildungssystem selbst vorgenommen werden können. Um eine optimale Ausschöpfung vorhandener Potenziale zu erreichen, bedarf es eines unterstützenden Umfeldes in Form eines interdisziplinären politischen Agierens in verwandten Politikfeldern (Stadt- und Regionalentwicklung, Sozial- und Arbeitsmarktpolitik, Kulturpolitik etc.). In Berlin arbeiten wir intensiv daran.

„Berliner Bildung"

Bildung ist der Schlüssel für Teilhabe und Integration. Aber Integration durch Bildung ist kein Selbstläufer. Berlin steht als Metropole vor vielfältigen Herausforderungen – gerade auch in der Schul- und Bildungspolitik. Im Schuljahr 2009/2010 hatten wir hier eine Schulabbrecherquote von knapp unter 10 Prozent. Bei den Schülerinnen und Schülern aus Einwandererfamilien waren es allerdings fast 15 Prozent. Unser Bildungssystem ist folglich immer noch nicht stark genug, um gesellschaftliche Integration voranzubringen. Aber es gibt auch Zeichen in der Statistik, die Hoffnung machen. Denn die Abbrecherquote entwickelt sich in die richtige Richtung. Im Schuljahr 2006/2007 haben noch fast 20 Prozent in dieser Gruppe die Schule ohne Abschluss verlassen. Und in Berlin machen immer mehr Schülerinnen und Schüler aus Einwandererfamilien Abitur. Das heißt: Nicht nur die Abbruchzahlen haben sich nach unten entwickelt, auch die Abiturquote nach oben – von 18 auf fast 23 Prozent zwischen 2007 und 2010.

Ja, die Richtung stimmt. Gerade im Bildungsbereich hat sich in den vergangenen Jahren ungemein viel getan. Wir wissen: Bildungspolitik braucht zehn bis 15 Jahre, bis sie wirklich wirken kann. Heute sind wir mitten drin in einem riesigen Reformzyklus des deutschen Bildungssystems. Nicht nur in Berlin, fast überall wurden wichtige Reformen angestoßen. Wir können uns aber nicht zurücklehnen, sondern müssen immer wieder überprüfen, ob wir auf dem richtigen Weg sind. Gute Bildungspolitik kann erfolgreiche Integrationspolitik sein. Meine Erfahrungen in Berlin und die Arbeit in der Zukunftswerkstatt führen mich zu drei Thesen, an Hand derer ich konkretisieren möchte, was ich damit meine:

Integration heißt Bildung von Anfang an

Zuerst müssen wir die Familien in den Blick nehmen. Es gibt jene Familien, bei denen eigene Bildung zum Erfolg geführt hat. Sie wissen um den Wert der Bildung und können ihren Kindern optimale Startchancen verschaffen. Das gilt aber längst nicht für alle.

Wir machen die Trennung an der falschen Stelle, wenn wir diejenigen nicht in den Blick nehmen, die um den Wert von Bildung zwar wissen, aber nicht alle Mittel haben, um dies für ihre Kinder zu organisieren. Hier sind es oft nur kleine Hürden, die wir überwinden müssen. Dies bedeutet, Bildung nicht unnötig zu verkomplizieren und den Eltern den Zugang ihrer Kinder zum Bildungssystem zu erleichtern. Kostenlose

Bildung, gute Information und aktives Einbeziehen der Eltern sind hier die Knackpunkte für die Integration.

Aber es gibt auch Eltern, die nicht unbedingt eine Vorstellung davon haben, was Bildung von Anfang an heißt. Dabei wollen auch diese Eltern in der Regel das Beste für ihre Kinder. Aber Fernseher statt Kinderbuch gibt es immer noch zu häufig. Auch hier gilt: Dies ist viel weniger eine Frage der ethnischen als der sozialen Herkunft. Diese Erkenntnis verschleiert keine Probleme. Im Gegenteil: Es erleichtert das Handeln. Ich will das an einem *Beispiel* deutlich machen: Berlin hat lange seine Sonderzuweisungen an die Schulen danach vergeben, wie viele Schüler mit „nicht deutscher Herkunftssprache" an der jeweiligen Schule waren. Diese Schulen haben automatisch mehr Mittel und Lehrerstunden bekommen. In der letzten Legislaturperiode haben wir dieses System verändert, indem wir den sozialen Aspekt einbezogen haben. Das heißt, dass Schulen mit einem höheren Anteil von Schülerinnen und Schülern, deren Eltern auf Leistungen des Sozialstaats angewiesen sind, jetzt auch eine bessere Förderung erhalten. Die zu Grunde liegende Frage ist banal: Wollen wir Diplomatenkinder wirklich stärker fördern als solche aus sozial schwachen Familien? Dies ist ein Beispiel für eine konkrete Maßnahme, mit der wir versuchen, die sozialen Ursachen für Benachteiligung effizienter zu anzugehen.

Integration von Anfang an bedeutet, den Spracherwerb in den Blick zu nehmen. Deshalb muss die Förderung in der Kita ganz eng mit dem Thema Sprache verbunden werden. Das tun wir. In Berlin wird eine verbindliche Sprachstandsfeststellung vorgenommen, um bei Bedarf gegensteuern zu können und entsprechende Angebote zu machen. Zudem haben wir Sprachlerntagebücher eingeführt und die Sprachförderung auch finanziell gut unterstützt. Im Berliner Doppelhaushalt 2010/2011 sind dafür 25 Millionen Euro bereitgestellt worden. Aber ich bin immer dafür, sich konkrete Ziele zu setzen. Es kann nicht sein, dass wir auf jeder Stufe unseres Bildungssystems fast gleich viel in die Sprachförderung investieren müssen. Unser Ziel muss es sein, dass nach dem Kitabesuch alle Kinder auf dem gleichen Sprachstand sind. Deshalb sind wir in Berlin gerade dabei, Kinder mit unzureichender Sprachkompetenz zur Sprachförderung in der Kita zu verpflichten. Auch hier ist Ehrlichkeit angesagt: Wo es das Elternhaus alleine nicht schafft, Sprache und Bildung zu vermitteln, da müssen wir als Gesellschaft helfen. Das ist keine Bevormundung, sondern ein Angebot und wird auch in den allermeisten Fällen als solches verstanden.

Die Schulpflicht ist heute nicht mehr wegzudenken. Wir wissen aber, dass gesellschaftliche Integration nicht erst in der Schule beginnen kann, wenn wir optimale Startchancen für alle Kinder schaffen wollen. Jeder aufgeklärte Mensch weiß inzwischen, dass vorschulische Einrichtungen mehr sind als Betreuungsangebote. Sie sind Bildungseinrichtungen, die sich kompetent frühkindlicher Bildung widmen. Es wäre wünschens-, ja, empfehlenswert, dass alle Kinder diese vorschulischen Einrichtungen besuchen. Dabei ist klar: Eine Kitapflicht einzuführen wird nicht ganz einfach. Nach maßgeblicher Rechtsauffassung steht hier das Grundgesetz dagegen.

Und doch ist das Signalwort „Kitapflicht" geeignet, um eine gesellschaftliche Debatte am Laufen zu halten und einen gesellschaftlichen Konsens zu organisieren. Dieser Konsens muss lauten: Bildung fängt schon in der Kita an, und es muss zu einer Selbstverständlichkeit werden, das eigene Kind in die Kita zu schicken. Das erfordert im ersten Schritt auch politisches Handeln, indem das entsprechende Angebot auch vorgehalten wird. Deshalb haben wir in Berlin schon früh begonnen, gerade hier umzusteuern. Mit einer Betreuungsquote von 42 Prozent im Krippenbereich und von 94 Prozent im Bereich der Kindergärten steht Berlin bei der frühen Förderung von Kindern im innerdeutschen Vergleich an vorderer Stelle: Im Bundesdurchschnitt besuchen lediglich 23 Prozent der Kinder eine Krippe. Dabei gelingt in Berlin die Integration von Kindern aus Einwandererfamilien in Kindertagesbetreuung besser als in anderen Bundesländern. Nach Angaben der Bertelsmann Stiftung liegt der Anteil der Kinder über drei Jahren, die einen Migrationshintergrund haben und ganztags in einer Kindertageseinrichtung betreut werden bei 34,5 Prozent im Bundesdurchschnitt – in Berlin hingegen bei 41 Prozent. Das ist ganz besonders wichtig für unsere von Vielfalt geprägte Stadt.

Das Thema frühkindliche Bildung ist zum Glück immer mehr Gegenstand gesellschaftspolitischer Debatten. Aber es lohnt sich schon, die Lücke zwischen Sonntagsreden und politischem Handeln zu betrachten. Berlin hat investiert und ausgebaut. Wir haben Anreize gesetzt, indem wir die Kitagebühren abgeschafft haben. Das hat übrigens etwas mit Kita als Bildungspflicht zu tun. Es entlastet an der richtigen Stelle und betont, dass Kita kein Luxus für ein Kind ist, sondern gesellschaftliche Selbstverständlichkeit, die nicht die Eltern finanzieren müssen, sondern die solidarische Gemeinschaft bereithält. Durch diese Schwerpunktsetzung wird konkret erfahrbar, dass in unserer Gesellschaft gute Bildung von Anfang an wichtig ist.

Bildung muss eine Leiter nach oben sein

Fast jeder Erwachsene kennt Horrorgeschichten aus seiner Schulzeit: Seien es Probleme mit der Lehrerschaft oder den Mitschülern, sei es das mangelnde Interesse an bestimmten Schulfächern, sei es der zu hohe Leistungsdruck, die zu geringe Förderung individueller Fähigkeiten oder die fehlende Eigenmotivation. Wer langjährige Erfahrungen im Bildungssystem hat, weiß: Bildung kann als System der Hoffnungslosigkeit organisiert werden. Dann haben wir ein Schulsystem, das mehr einer Rutschbahn nach unten ähnelt als einer Leiter nach oben. Es ist das System einer Gesellschaft, die nicht auf Fördern aus ist, sondern in der es reicht, wenn die Schulen gut genug sortieren. Die einen schaffen es sowieso und die anderen brauchen es nicht. Jenseits aller moralischen Bewertungen können wir uns eine solche Einstellung schon lange nicht mehr leisten. Ein solches System verhindert Aufstieg und signalisiert: Du kannst es eh nicht schaffen. Sie teilt die Gesellschaft, schafft Perspektivlosigkeit und verhindert gesellschaftliche Integration.

Die Schule muss eine andere Geschichte formulieren. Sagen wir es pathetisch: Aus Schulen der Hoffnungslosigkeit müssen Schulen des Gelingens und der Motivation werden. So muss die Zielsetzung lauten. Diesem Leitbild folgend, werden viele Schulen bereits heute ganz anders organisiert. Es geht darum, eine Umgebung zu schaffen, die deutlich macht, dass Bildung die Chance ist, eine neue Welt zu entdecken, weiterzukommen und sich auch selbst zu verwirklichen. Dieser Mentalitätswechsel hat bereits in vielen Schulen in Deutschland stattgefunden. Das bekannteste Beispiel in Berlin ist wohl die berühmte Rütli-Schule in Neukölln, in der die verschiedenen sozialen Problemlagen zu einem explosiven Gemisch wurden:

Die Mehrzahl der Schülerinnen und Schüler hatte aus unterschiedlichen Gründen kein Interesse an der Schule an sich – sie hatten vor allem aber kein Interesse am eigenen Schulerfolg. Viele fielen durch Desinteresse, Pöbeleien, Diebstähle, Beleidigungen und Schulschwänzen auf. Sie „terrorisierten" ihre Mitschülerinnen und Mitschüler und die Lehrerschaft. Persönliche Zusammenbrüche sowohl von Schülern als auch von Lehrern, die diese alltäglichen Aggressionen nicht mehr aushielten, waren die Folge. Aus krisenhaften Situationen kann man aber gestärkt hervorgehen. Genau das macht Rütli deutlich: Sie konnte als Schule nur deshalb überleben, weil ein völlig neues Konzept von Schule entwickelt wurde. Wie man heute sieht, war dies erfolgreich. Die Rütli-Schule ist heute eine „Vorzeigeschule" – viele Schülerinnen und Schüler machen inzwischen ihre Abschlüsse bis hin zum Abitur. Es ist ein Gemeinschaftsgefühl, eine gemeinsame Identität, ja – auch ein gewisser Stolz entstanden. Die Rütli-Schule gilt inzwischen als Modellprojekt für Integration.

Sie hat sich seit 2007 von der Rütli-Schule zum „Campus Rütli" gewandelt. Sein Ziel ist die beispielhafte Verwirklichung eines neuartigen und nachhaltigen Bildungskonzeptes.

Aus einer Hauptschule, einer Realschule und einer Grundschule ist mittlerweile eine Gemeinschaftsschule geworden. Ergänzt wird der Campus durch Kindertagesstätten, Freizeiteinrichtungen, Volkshochschule, Musikschule, dem Kinder- und Jugendgesundheitsdienst und dem sozialpädagogischen Dienst. Jetzt wirken hier alle Institutionen in gemeinsamer Verantwortung zusammen. Dieses aufeinander abgestimmte Handeln schafft ein Höchstmaß an Unterstützung für Kinder, Jugendliche und Eltern.

Dass dieser Umbau weitestgehend gelungen ist, wurde wesentlich durch den sinnvollen Einsatz der Geldmittel und durch den umsichtigen und engagierten Einsatz des Lehrerkollegiums bewirkt. Der Rütli-Campus als deutschlandweit bekanntes „Vorzeigeprojekt" macht deutlich, dass dort, wo sinnvoll in Schule investiert wird, sich ein ungeahnter positiver Umschwung für Schüler und Lehrer, ja für das gesamte allgemeine Schulklima beobachten lässt. Aber die Rütlischule ist nicht die einzige Schule, die eine solche Entwicklung genommen hat. Vielerorts sind die Schulen in Bewegung und dennoch darf man nicht blauäugig sein: Solche Prozesse dauern ihre Zeit, bedürfen großen Engagements und sie kosten Geld, viel Geld.

Veränderungen in den Schulen selbst sind elementar wichtig, wenn wir Anreize schaffen und Motivation erhöhen wollen. Notwendig dafür sind auch Schulstrukturreformen, die Veränderungen in den Schulen möglich machen. Reformen aber sind immer ein zweischneidiges Schwert. Bis sie umgesetzt werden, sind die nächsten Reformen schon längst wieder da. In Berlin haben wir uns dazu entschlossen, die Schulstruktur zu vereinfachen. Aus Haupt-, Real- und Gesamtschulen wurden Sekundarschulen, die genauso wie die Gymnasien zum Abitur führen. Ein Weg, den inzwischen viele Bundesländer einschlagen und den selbst die CDU heute als Maß aller Dinge sieht. Zudem wurde in 70 Prozent der Berliner Schulen der Ganztagsbetrieb eingeführt. Schüler und Schülerinnen können also vom 1. Schuljahr bis zum Abitur ganztagsbetreute Schulen besuchen. Im Rahmen dieser Reform haben wir bewusst den Schulen mehr Raum für die eigene Profilbildung eingeräumt und die Verbindung zum Berufsleben gestärkt. Ausdruck dessen ist das neue „Duale Lernen". Ein Schulfach, das auf die Kooperation von Schule und Betrieb setzt und das in der neu eingeführten Sekundarschule von Anfang an für alle Schüler verbindlich ist.

Eines sollte klar sein: Wir können noch so viele Konzepte beschließen, wenn es keine motivierten und qualifizierten Mitstreiterinnen und Mitstreiter gibt, die diese Herangehensweise für gut befinden und zu ihrer Sache machen, wird es nicht klappen. Alle müssen mitgenommen werden – zugegeben ein nicht immer ganz einfacher Prozess. Die Arbeit, die in Kindergärten und Schulen geleistet wird, hat sich in den letzten Jahren deutlich verändert. Nicht immer wird dies ausreichend gewürdigt. Hier arbeiten tagtäglich viele daran, dass Integration funktionieren kann. Auf ihnen lastet das Gewicht, jedem Kind eine gute Bildung zu ermöglichen. Das ist keine einfache Arbeit. Diese Menschen haben viel mehr gesellschaftliche Anerkennung verdient.

Schule besteht schon längst nicht mehr aus Lehrerinnen und Lehrern. Im Rahmen meiner Bezirksbesuche war ich zum Beispiel an der Hedwig-Dohm-Oberschule im Berliner Stadtteil Tiergarten. In der Schulkonferenz konnte ich hier neben Eltern, Lehrern und Schülern mit Sozialarbeitern, Polizisten und Unternehmern diskutieren. Das zeigt, die Schule hat sich inhaltlich und personell in die Gesellschaft hinein vernetzt. Das ist auch richtig, denn die Schule ist der Ort, an dem es uns vor allem gelingen kann, Kindern und ihren Eltern vorhandene Angebote zu verbesserter Teilhabe und Integration zu vermitteln. Das bringt zusätzliche Aufgaben mit sich und erfordert zum Teil auch eine neue Struktur. Und es braucht Menschen, die diese Öffnung begleiten. Dieses interdisziplinäre Agieren meine ich, wenn ich davon spreche, dass für das erfolgreiche Ausschöpfen von Bildungspotenzialen ein unterstützendes Umfeld organisiert werden muss.

Und noch ein wichtiger motivationsfördernder Punkt: Kinder brauchen Vorbilder. Damit sind nicht immer nur Stars gemeint. Ob zu Hause, in Vereinen oder in der Schule: Vorbilder motivieren. Die Tatsache, dass 40 Prozent der Kinder aus Einwandererfamilien stammen, impliziert, dass sich auch in der Zusammensetzung der Lehrerschaft etwas ändern muss. Dabei geht es nicht um das Erfüllen irgendwelcher Quoten, sondern um gesellschaftlichen Aufstieg als Selbstverständlichkeit für alle. Wir müssen zeigen, was in dieser Gesellschaft möglich ist. Aber Schülerinnen und Schüler brauchen auch in anderer Hinsicht Vorbilder. Deshalb trete ich so für die Kooperation zwischen Schule und Unternehmen ein. Damit werden Berufswege für die Jugendlichen konkret erfahrbar. Sie treffen auf Vorbilder, deren Erfahrungen für den eigenen selbständigen Lebensweg motivieren können. Dies ist dann ganz besonders wichtig, wenn es in der eigenen Umgebung nur wenig Berufstätige gibt. Wir haben in Berlin Familien, die über zwei Generationen von Arbeitslosigkeit geprägt sind. Es gibt Kinder von Flüchtlingen, die jahrelang geduldet waren, ohne dass die Eltern die Möglichkeit hatten, eine Arbeit anzunehmen. Wer in diesen Familien aufwächst, kennt keinen geregelten Lebensalltag. Vorstellungen von konkreten Berufen, von einem Arbeitsleben mit Verpflichtungen wie auch Aufstiegsphantasien können diese Kinder nicht entwickeln. Deshalb ist es so wichtig, ihnen gesellschaftliche Teilhabe zu ermöglichen, sie zu motivieren und die Spirale des Stillstands zu durchbrechen.

Integration durch Bildung braucht Aufmerksamkeit

Die Prioritäten einer Gesellschaft drücken sich meist sehr klar aus: Welche Ressourcen sind wir bereit für welche Ziele aufzubringen? Entscheidend für das Gelingen der Integration wird sein, ob Städte und Gemeinden die Mittel haben, eine vernünftige Sprachförderung in den Kitas zu organisieren, Sportvereine zu fördern und soziale Brennpunkte zu entschärfen. Diese sozialräumliche Orientierung ist elementar für das Gelingen von Integration. Integration findet vor Ort statt. Nachdem die schwarz-gelbe Bundesregierung immer mehr Aufgaben auf die Kommunen abwälzt und ihnen wichtige finanzielle Mittel wie bei der Städtebauförderung und dem Programm „Soziale Stadt" entzieht, wird es für diese schwierig, die Aufgaben zu bewältigen. Der soziale Zusammenhalt wird gefährdet.

Berlin hat sich entschlossen, Prioritäten zu setzen. Wir haben die wegfallenden Mittel für die „Soziale Stadt" kompensiert und die Investitionen in Bildung trotz striktem Konsolidierungskurs zur Priorität Nummer 1 erklärt. Ich bin überzeugt, dies wird sich auszahlen. Aber in Berlin haben wir das nicht von einem Tag auf den anderen gemacht. Aus einem einfachen Grund – wir konnten es uns ad hoc nicht leisten. Auch das gehört zum Thema Bildung, wenn es redlich behandelt werden soll. Wir müssen über Geld sprechen. Bei über 60 Milliarden Euro Schulden ist in Berlin jeder politische Spielraum teuer erkauft. Er muss an anderer Stelle eingespart werden. Daher geht es nur in kleinen Schritten. Dass sich Berlin in den letzten Jahren dieser Bedeutung bewusst war, zeigen einige zentrale Haushaltsdaten.

Im Kita-Bereich wurden die Ausgaben von 70,9 Millionen Euro (2006) auf 79,2 Millionen Euro (2010), also um 11,7 Prozent angehoben. Im Schulbereich gab es im gleichen Zeitraum eine Erhöhung von 1,9 Milliarden Euro auf 2,1 Milliarden Euro. Mit jährlich 4145 Euro Ausgaben pro Kind für Kita und Kinderkrippe liegt das Land weit oberhalb des deutschen Durchschnitts von 2779 Euro.

Dieses Geld muss in Berlin an anderer Stelle eingespart werden. Was mich daher wirklich ärgert, ist, wenn das Geld, das wir ausgeben, kontraproduktiv eingesetzt wird. Wenn die amtierende Bundesregierung bis zu 2 Milliarden Euro in die Hand nehmen will, um Eltern zu belohnen, deren Kinder nicht in die Kitas gehen, halte ich das für grob fahrlässig. Wenn von der Bundesregierung für Kinder, deren Eltern Arbeitslosengeld II beziehen, ein bürokratisches Monster in

Form eines komplizierten Gutscheinsystems entworfen wird, das die Menschen nicht verstehen oder nicht verstehen wollen, dann werden die falschen Anreize gesetzt. Die einfache Maxime muss sein: Kein Geld verteilen, sondern die Strukturen für Kinder fördern, indem das Geld in den Ausbau der Betreuungseinrichtung, in die Qualität der Bildung und in Sozialarbeit investiert wird. Das sind zielgerichtete Investitionen in die Zukunftsfähigkeit unserer Gesellschaft.

Aber es geht bei der gesellschaftlichen Aufmerksamkeit für Bildung längst nicht nur um Geld. „Herkunft darf kein Schicksal sein" heißt auch, dass man die eigene Herkunft nicht zum Schicksal seiner Kinder machen darf. Wenn dies passiert, dann ist die Gesellschaft gefordert. Das muss unser Maßstab sein: Dort, wo Eltern aktiv oder durch Unterlassen die Chancen ihrer Kinder vermindern, müssen wir eingreifen. Eine Pflicht setzt ein entsprechendes öffentliches Angebot voraus, das habe ich beschrieben. Wo ein solches Angebot aber da ist, muss es auch genutzt werden. Der Staat muss diese Pflichten durchsetzen. Dabei geht es zumeist nicht um großartig repressive Maßnahmen. Die hören sich auf Zeitungsschlagzeilen zwar immer wie ein großer Befreiungsschlag an, sind aber meist der falsche Weg. Es geht um eine Gesellschaft, die ihre Aufmerksamkeit für den Bildungserfolg durch Handeln unterstreicht. Schwänzen ist das einfachste Beispiel. Das darf nicht ohne Konsequenzen bleiben. In Berlin informieren wir jetzt die Eltern vom ersten Tag, an dem ihr Kind die Schule schwänzt, per Telefon, SMS und E-Mail. Wir dürfen auch nicht nachlässig sein, wenn Eltern die Vorsorgeuntersuchungen ihrer Kinder ausfallen lassen. Wir müssen unser Bewusstsein, dass Sprachkompetenz entscheidend ist, durch verpflichtende Sprachtests dokumentieren. Und aus den Ergebnissen muss auch etwas folgen – nicht als Anordnung, sondern als nachdrückliche Beratung. Immer wieder müssen wir deutlich machen, dass wir es nicht zulassen, dass sich Eltern der Erziehung ihrer Kinder entziehen.

Ein- und Aufstieg durch Bildung zu ermöglichen, darauf muss unsere Aufmerksamkeit in der Integrationspolitik gerichtet sein. Diese Aufstiege müssen erlebbar sein. Wir müssen die Strukturen und das Handwerkszeug dafür bereitstellen. Und wir müssen einfordern, dass die Möglichkeiten genutzt werden. Die Zeit der großen Strukturreformen beim Thema Bildung ist zumindest in Berlin erstmal vorbei. Jetzt geht es um die Kärrnerarbeit im Alltag. Das wird zwar weniger Schlagzeilen, dafür aber vielleicht mehr Ergebnisse bringen. Übrigens: Die Entwicklungen der letzten Jahre entmutigen nicht. Im Gegenteil: Sie machen Mut. Eines darf allerdings nicht passieren: Dass mit den Schlagzeilen auch die Aufmerksamkeit der Verantwortlichen sinkt. Es wäre fatal, sich im jetzigen Zustand einzurichten. Herkunft darf kein Schicksal sein – um dieses Ziel der Sozialdemokratie zu erreichen, bedarf es immer noch großer und langfristiger Anstrengungen von vielen Akteuren und Institutionen in unserer Gesellschaft.

Forderungen der Zukunftswerkstatt

Im Rahmen der „Zukunftswerkstatt Integration" haben wir viele dieser Punkte auch mit zahlreichen Experten diskutiert. Aus unserer Sicht gilt es, die Bildungslandschaft entlang von fünf Maximen aufzustellen:

- absolute Priorität auf möglichst frühe Förderung
- Konzentration auf nachhaltige individuelle Förderung
- Fokussierung auf zielgerichtete Maßnahmen zur Defizitbeseitigung
- Durchsetzen differenzierter Förderungsmaßnahmen
- flexible Zeitkontingentierung

Was diese etwas wissenschaftlich anmutenden Maxime im Detail an konkreten Handlungsempfehlungen bedeuten, will ich im Folgenden an Hand von sieben Schwerpunkten für eine Optimierung der Bildungspolitik verdeutlichen.

Frühkindliche Bildung

Zur Schaffung optimaler und fairer Startchancen müssen die Angebote für frühkindliche Bildung verdichtet werden, denn ganz am Anfang kann herkunftsbedingten Defiziten am effektivsten entgegengewirkt werden. Voraussetzung ist, dass die klassische Form der Kinderbetreuung zu Angeboten frühkindlicher Bildung weiterentwickelt wird. Dies bedeutet selbstverständlich auch, die Arbeitsbedingungen für das Personal den neuen Gegebenheiten anzupassen. Folgendes schlagen wir vor:

- Beitragsfreie Kindergartenjahre. Diese helfen, die Zugangsschwelle für einkommensschwächere Familien zu senken.
- Um Benachteiligungen früh auszugleichen, sollte ein verpflichtendes Vorschuljahr in Erwägung gezogen werden.
- Beim Ausbau des pädagogischen Angebots wird die Vermittlung von guten Sprachkompetenzen als prioritäre Aufgabe verankert.
- Die Weiterentwicklung der Kinderbetreuung zur frühkindlichen Pädagogik zieht eine Neubewertung der erzieherischen Berufe nach sich. So sollte die Leitungsebene in der Aus- und Fortbildung und der Besoldung mittelfristig mit den Grundschulpädagogen gleichgestellt werden. Allerdings raten wir von einer generellen Akademisierung des Erzieherberufs ab. Die Möglichkeit für Quereinstiege muss auch weiter gegeben sein. Quereinsteigerinnen und Quereinsteiger sind wichtige Mittler, um den Gedanken einer besseren Vernetzung der Bildungseinrichtungen mit dem jeweils vorhandenen lokalen Umfeld (Sportvereine etc.) zu realisieren.
- In Stadtteilen mit besonderem Handlungsbedarf müssen Schwerpunkte bei der finanziellen und personellen Ausstattung gelegt werden, weil hier der größte Förderungsbedarf vorherrscht.

Partizipation und Motivation der Eltern

Die Rolle der Eltern für die Zukunft ist entscheidend. Dennoch haben wir uns bei der Bildungspolitik in der Vergangenheit zu wenig Gedanken darüber gemacht, wie Eltern stärker einbezogen werden können. Durch zusätzliche Unterstützung, Beratungs- und Hilfsangebote kann eine neue Anreizstruktur geschaffen werden. Auch hier sind die Bildungseinrichtungen als Dreh- und Angelpunkt entscheidend:

- Um Eltern stärker einbeziehen zu können, ist es wichtig, das pädagogische Personal breiter aufzustellen und durch Aus- und Fortbildung (weiter) zu qualifizieren. Die Schaffung von Angeboten im schulischen Raum für Kinder und Eltern bzw. nur für Eltern ermöglicht es, die Eltern in die Bildungsanstrengungen und -erfolge der Kinder stärker zu involvieren.

- Schulen zu Orten des gemeinsamen (Kennen-)Lernens zu machen, bedeutet, die Netzwerkarbeit unter den Eltern zu verstärken. Gerade für die Einwandererfamilien können zum Beispiel durch Sprachkurse, die direkt an den Schulen stattfinden, Anreize geschaffen werden, die zu neuen sozialen Kontakten führen. Auch das Angebot an die Eltern, selbst stärker und eigenverantwortlich in den Schulen tätig zu werden, ist eine Möglichkeit, um eine bessere Vernetzung und Aktivierung zu erreichen. So können in Schulen, die von großer ethnischer Vielfalt geprägt sind, Treffpunkte des interkulturellen Austausches organisiert werden. Neu eingewanderten Familien bietet ein solches Angebot die Möglichkeit, von den Erfahrungen anderer zu lernen und sich schneller zurechtzufinden. Generell gilt, dass die Stärkung der Eigenverantwortung und die Möglichkeit zu Teilhabe und Austausch Kindern ebenso hilft wie Eltern.

- Des Weiteren ist anzuregen, die Migranten-Selbstorganisationen und ihre Angebote stärker an die Bildungseinrichtungen zu koppeln.

- Thematische Angebote wie Gesundheitsvorsorge, die Kenntnis behördlicher Strukturen und Vorgänge (Stichwort: Bildungsgutscheine) sowie der Medienkonsum oder jugendkulturelle Ausprägungen bieten Eltern die Möglichkeit, sich eine höhere Kompetenz in diesen für die Erziehung der Kinder wichtigen Fragen anzueignen.

- Anzuregen ist zudem eine Institutionalisierung der Gespräche zwischen Eltern und Pädagogen bezüglich der vorhandenen Förderungsmöglichkeiten für die Schülerinnen und Schüler.

Ganzheitliches und längeres gemeinsames Lernen

Ein größeres Zeitbudget bietet die Chance auf bessere Bildungserfolge, weil es den Druck nimmt, alles in einem starren Zeitkontingent erreichen zu müssen.

- Aus diesem Grund muss flächendeckend dafür gesorgt werden, dass Ganztagsangebote bzw. qualifizierte Nachmittagsangebote zur Regel werden. Hier spielt die Sozialraumorientierung, das heißt eine bessere Vernetzung mit vorhandenen lokalen Strukturen, eine entscheidende Rolle. Neben der Einbeziehung von Jugendhilfs-, Kultur- und Sportangeboten geht es ebenso darum, Schulsozialarbeit, Lernhilfe durch Lernpartnerschaft mit Einzelpersonen oder auch Unternehmen in den Blick zu nehmen.
- Seit Längerem weist die Bildungsforschung darauf hin, dass im längeren gemeinsamen Lernen große Chancen für die optimale Ausschöpfung von Bildungspotenzialen liegen. Das deutsche Bildungssystem ist international mehrfach für seine zu frühe Selektion und die starre Dreigliedrigkeit kritisiert worden. Eine frühe Selektion begünstigt vor allem Kinder, die durch das Elternhaus und ihr soziales Umfeld bereits privilegiert sind. Die Bildungspotenziale benachteiligter Schülerinnen und Schüler können hingegen insbesondere durch längere gemeinsame Lernphasen besser ausgeschöpft werden. Um den unterschiedlichen Lernentwicklungen Rechnung zu tragen, bedarf es individueller Fördermaßnahmen, deren Ziel es ist, Stärken zu maximieren und Schwächen zu minimieren. Vorbilder fin-

den sich hierfür viele – vor allem in den Schulen der skandinavischen Länder. Dabei ist klar, dass längere gemeinsame Lernphasen eben gerade keine Egalisierung der Bildungsbiografien bedeuten soll, sondern eine Verbesserung und Stabilisierung des Lernumfelds, um jedem Kind die optimale Förderung zu ermöglichen.

- Generell ist anzuregen, dass die längeren gemeinsamen Lernphasen dazu genutzt werden müssen, um mit individuellen Plänen Schülerinnen und Schüler mit Bildungsbenachteiligungen zielgenau fördern zu können.

Sprachkompetenzen

Sprachdefizite gibt es nicht nur bei Kindern aus Einwandererfamilien. Vermehrt ist festzustellen, dass die Kenntnisse der deutschen Sprache auch in deutschen Familien rückgängig sind oder Formen der Alltags- und Umgangssprache eine korrekte Verwendung der deutschen Sprache behindern. Dabei ist klar:

- Für Bildungserfolge ist die Kenntnis der deutschen Sprache unverzichtbar. Auch bilinguale Strategien sind sinnvoll, wenn sie die deutsche Sprache neben der Herkunftssprache beinhalten – allerdings nur dann, wenn die Qualität der pädagogischen Begleitung und eine vernünftige Ausstattung mit Personal gewährleistet sind. Der finanzielle Aufwand dafür ist sehr groß. Sollte allerdings keine ausreichende Ausstattung zur Verfügung stehen, ist von bilingualen Strategien in Bildungseinrichtungen Abstand zu nehmen.
- Sprachvermittlung und erste Lesekompetenzen müssen Teil der frühkindlichen Bildungsangebote sein. Der Gebrauch und das Verständnis der deutschen Sprache ist Voraussetzung für Bildungserfolge und nicht Folge der Bildungsangebote.
- Spracherwerb beginnt in der Familie. Gerade für Einwandererfamilien sind daher unterstützende Angebote von großer Bedeutung. Wie bereits erwähnt, ist es daher sinnvoll,

Sprach- und Integrationskurse auch für die Eltern in den Bildungseinrichtungen anzubieten, um so direkt einen Bezug zu den Bildungsstrukturen aufbauen zu können.

Aus-, und Weiterbildung des pädagogischen Personals

In den vergangenen Jahren ist auf diesem Feld bereits viel passiert. Dennoch ist es erforderlich, die Ausbildungsgänge und die Fort- und Weiterbildungsangebote noch stärker an die gesellschaftlichen Realitäten anzupassen. Die Herausforderung, Kinder und Jugendlichen einer von Vielfalt geprägten Gesellschaft zu unterrichten, erfordert neben dem Wissen über aktuelle Migrations- und Integrationsdiskurse den Erwerb zusätzlicher Qualifikationen in Methodik, Didaktik und Mediation. Hier sollte der Erfahrungsschatz erfahrener Pädagoginnen und Pädagogen genutzt werden, die ein enormes Alltagswissen im Umgang mit Kindern und Jugendlichen gesammelt haben.

- In der erziehungswissenschaftlichen und sozialpädagogischen Ausbildung an Hochschulen und Fachhochschulen müssen verbindliche Leistungsnachweise in Migrations- und Integrationsfragen erbracht werden.
- Zu empfehlen sind Ausbildungsmodule in den auf die berufliche Praxis vorbereitenden Referendariatsausbildungen.
- Die Fortbildungseinrichtungen der Bundesländer müssen ebenfalls entsprechende Angebote für Lehrkräfte und Sozialpädagogen vorhalten.

Lernpartnerschaften

Vorbilder motivieren. Wir wissen aus vielen Einzelfallbeispielen, dass Mentorenprogramme zur individuellen Förderung Kinder, Jugendliche und Erwachsene stärken. Diese Modelle, die oft auch von Unternehmen für junge Führungskräfte angeboten werden, helfen, um zielgenau die persönlichen Stärken zu fördern und Defizite abzubauen. Solche Modelle können ergänzend zum schulischen Angebot den Bildungserfolg junger Menschen unterstützen. Sinnvoll ist es aber, diese einzelfallbezogenen Fördermaßnahmen mit dem pädagogischen Personal abzustimmen.

- Gerade für Schülerinnen und Schüler mit erkennbaren Bildungspotenzialen, die wenig Unterstützung aus dem elterlichen und nachbarschaftlichen Umfeld erfahren, sind solche Modelle ratsam.
- Lernpartnerschaften sollten im Idealfall von Elterninitiativen und Fördervereinen, die in der Regel in die Schule integriert sind, organisiert werden, um eine an den aktuellen Lehrstoffen ausgerichtete Förderung gewährleisten zu können.
- Die Aktivierung ehrenamtlicher Helferinnen und Helfer stellt dabei einen besonderen Aufwand dar. Insbesondere ältere Menschen oder ehemalige Pädagoginnen und Pädagogen sind für solche Modelle oft gut ansprechbar.
- Unterstützung ist auch aus dem zivilgesellschaftlichen Umfeld denkbar – von Vereinen, Initiativen, Migranten-Selbsthilfeorganisationen, von Gewerkschaften, Parteien und aus der Wirtschaft.

Sozialraumorientierung

Ich habe mehrfach darauf hingewiesen, dass Benachteiligungen nicht nur durch das Bildungssystem selbst kompensiert werden können. Deshalb sollten kommunalpolitische Verantwortungsträger quartier- und stadtteilbezogene interdisziplinäre Politikansätze stärker zum Fokus ihrer Arbeit machen. Vielerorts passiert dies bereits mit großem Erfolg.

- Gerade in den großen Städten hat sich vielfach gezeigt, dass Quartiersmanagement und Verwaltungsverbünde, die sich engagiert und konzentriert der Aufgabe einer stadtteilbezogenen Vernetzung annehmen, das Zusammenleben in den Stadtvierteln nachhaltig verbessern konnten und auf diese Weise auch die Kinder und Jugendlichen in den Schulen erreichen. Dabei fungiert das Quartiersmanagement als Ansprechpartner, Rat- und Ideengeber, Moderator, Mediator und Koordinator von Aktivitäten. Eine gemeinsame Identität, eine Kiezorientierung, der soziale Zusammenhalt in einem Stadtviertel hilft, die Motivation von jungen Menschen zu steigern.

- Alle Bildungseinrichtungen im Stadtteil müssen als stadtteilspezifische Bildungslandschaft betrachtet und als zentrales Handlungsfeld für die über das Quartiermanagement vernetzten Akteure verstanden werden. Alle Akteure des Stadtteils, die etwas zum Bildungserfolg beitragen und Angebote machen können, müssen einbezogen werden. Dafür benötigt man einen Koordinator, dem es gelingt, alle Beteiligten an einem Tisch zusammenzuführen.

- Sollte die SPD nach der Bundestagswahl 2013 wieder in Regierungsverantwortung kommen, werden wir darauf hinwirken, „lokale Bündnisse für Integration und sozialen Zusammenhalt" zu schaffen. Vor dem Hintergrund, dass in vielen Kommunen die Stadtteile sozial auseinanderdriften und sich Problemlagen immer weiter verfestigen, ist dies dringend angesagt. In Anlehnung an die von der ehemaligen Bundesfamilienministerin Renate Schmidt entwickelte Idee der „Lokalen Bündnisse von Familien", geht es darum, alle Kräfte und Partner vor Ort zusammenzuholen, die eine sozialraumorientierte, integrierte Stadtentwicklungspolitik befördern – sozusagen eine Form flächendeckenden Quartiersmanagements, in denen Bildungseinrichtungen eine zentrale Rolle spielen.

- Bildungseinrichtungen in Stadtteilen mit besonderem Handlungsbedarf bedürfen einer besonderen Ausstattung – materiell und personell. Neben Schulsozialarbeit und Ergänzungsdeputaten ist es hier zwingend erforderlich, zügig Ganztagsangebote vorzuhalten.

Zusammenfassend zeigt sich, dass viele der Maßnahmen, die wir in der Zukunftswerkstatt diskutiert und festgehalten haben, in Berlin, aber in vielen anderen Städten auch, bereits praktische Politik sind. Nicht alles ist von heute auf morgen finanzierbar. Es ist wie so oft in der Politik: Man muss Prioritäten setzen, weil nicht alles Wünschenswerte machbar ist. Ziele zu formulieren ist aber zwingend notwendig, um Stück für Stück weiterzukommen.

Der Umbau des Bildungssystems zu mehr Gerechtigkeit ist nicht einfach. Dazu bedarf es vieler kleiner und größerer Schritte bei hoher politischer Ausdauer und Hartnäckigkeit. Diese Aufgabe kann nur die Sozialdemokratie meistern, weil wir im Gegensatz zu anderen Parteien den ideologischen Ballast der Vergangenheit über Bord geworfen und unsere heutigen bildungspolitischen Ansätze auf Basis der gesellschaftlichen Realitäten entwickelt haben. Dennoch gilt: Dieser Prozess wird einer unserer schwierigsten und zugleich bedeutendsten Zukunftsaufgaben sein. Wir werden uns dabei stets die Frage vergegenwärtigen müssen: Wie machen wir Bildung zum Thema für diejenigen, die „bildungsfern" sind?

Was nicht passieren darf, ist, dass die Privilegierten kraft ihres monetären Hintergrunds, ihres Wissens, ihrer Bildung, Reformen verhindern, die Kindern aus sozial schwächeren Familien die Chance auf eine bessere Zukunft geben. Die Debatte um die Hamburger Schulreform gilt da als mahnende Abschreckung. Um solche Entwicklungen zu verhindern, ist es notwendig, das Gespräch mit allen Beteiligten zu suchen, anstatt Reformen einfach durchzudrücken. So richtig der Hamburger Ansatz gewesen sein mag – was die schwarzgrüne Koalition bei der Vorbereitung der Reform politisch an Fehlern begangen hat, sucht seinesgleichen. Dieses unsensible Agieren stimmt besonders deshalb traurig, weil diese Koalition den Kindern aus sozial schwächeren Familien durch ihr fehlerhaftes Agieren einen Bärendienst erwiesen hat. Denn sie hatte es auch versäumt, in jenen Stadtbezirken und Schichten für eine stärkere Teilnahme am Volksentscheid zu werben, in denen die Kinder und Jugendlichen leben, die von dieser Reform profitiert hätten. So unterlag am Ende eine unfähige Regierung mit ihrem durchaus unterstützenswerten Vorschlag einer Initiative von Privilegierten, deren Ziel es war, ihre Privilegien festzuschreiben.

Bildung entscheidet über die Zukunft unseres Landes, und wir entscheiden darüber, ob wir den Bildungsanstrengungen wirklich oberste Priorität einräumen. Dafür müssen wir alle mitnehmen, denn auch hier gilt: Es ist eine Haltungsfrage. Wenn wir Bildung als gesamtgesellschaftliche Aufgabe begreifen, dann wird Deutschland auch in diesem Feld wieder ganz oben mitspielen können. Wenn wir aber weiterhin ideologische Debatten führen, während die Spaltung der Gesellschaft weiter voranschreitet, dann muss einem vor unserer Zukunft Angst und Bange werden. Alles in allem aber glaube ich: Wir sind auf einem guten Weg.

Perspektive Arbeit

Als Partei der Arbeit gehört für die SPD das „Recht auf Arbeit" zu den wichtigsten politischen Leitlinien. Das gilt für alle Menschen, die in diesem Land leben – unabhängig von ihrer kulturellen und sozialen Herkunft. Ein Arbeitsplatz für Jede und Jeden ist die Grundvoraussetzung für gesellschaftliche Teilhabe und Integration. Wir setzen dabei nicht auf Dumpingjobs, sondern richten unsere Anstrengungen zusammen mit den Gewerkschaften auf die Herstellung von guten Arbeitsbedingungen und auf die Rechte der Arbeitnehmerschaft. Unsere Politik ist darauf ausgerichtet, allen gleiche Chancen auf Bildung, Ausbildung und Zugang zum Arbeitsmarkt zu ermöglichen. Um die Teilhabe aller am Arbeitsmarkt organisieren zu können, setzt sozialdemokratische Arbeitsmarktpolitik darauf, Menschen gleich welchen Alters oder Herkunft intensiv und optimal zu fördern. Wir wollen aktivieren statt alimentieren, denn Arbeit ist eine Frage der Menschenwürde.

Während Bildung die Grundlage für eine aktive Teilhabe am Arbeitsmarkt schafft, ermöglicht Arbeit die materiellen Voraussetzungen für wirtschaftliche und soziale Teilhabe. Arbeit sichert aber nicht nur den Lebensunterhalt. Ein guter Arbeitsplatz, der eine Perspektive ermöglicht, fördert gesellschaftliche Anerkennung und sichert die soziale Stellung. Arbeitsmarktpolitik ist immer auch Integrationspolitik. Wo Menschen gute Arbeit haben, gelingt Integration.

Während über die Bedeutung von Bildung für erfolgreiche Integration breit diskutiert wird, ist aus meiner Sicht die Teilhabe aller am Arbeitsmarkt in den Integrationsdiskussionen die am häufigsten unterschätzte und zugleich aber mindestens ebenso zentrale Frage und Aufgabe unserer Zeit. Das gilt für Menschen deutscher Herkunft ebenso wie für Menschen nichtdeutscher Herkunft. Niedrigere formale Bildung und Qualifikation verwehren es vielen, sich in unserer Arbeitsgesellschaft einzufinden. Dabei gilt: Gerade in den Einwandererfamilien steckt enormes Potenzial, denn die Vielfältigkeit

moderner Arbeitsmärkte bietet auch vielfältige Arbeitsmarkt-
chancen. Dies lässt sich auch an Hand der vielen selbständigen Einwanderinnen und Einwanderer und den gut ausgebil-
deten Fachkräften aus dem Ausland nachvollziehen.

Derzeit wird besonders deutlich, wie groß das Problem hierzulande mit verfestigter Langzeitarbeitslosigkeit ist. Immer
wieder wird darauf hingewiesen, dass auf unserem Arbeitsmarkt strukturelle Diskriminierungen nachweisbar sind. Diese resultieren aus Fehlern in der Bildungspolitik, setzen sich
fort im Ausbildungsmarkt und erschweren den Zugang zu Erwerbsarbeit. Auf Grund der demografischen Entwicklung ist
unser Land aber auf die Arbeitskraft aller in Deutschland lebenden Menschen angewiesen. Aus diesem Grund müssen wir
alles daran setzen, insbesondere Jugendliche in Ausbildung zu
bringen – eine der vorrangigsten Aufgaben – und Arbeitslose
stärker zu qualifizieren. Dennoch sollten wir nicht die Augen
davor verschließen, dass unser Land angesichts des vorherrschenden Fachkräftemangels zusätzliche Anstrengungen
benötigen wird, um den Bedarf an Arbeitskräften decken zu
können. Ich werde am Ende dieses Kapitels darauf eingehen,
warum aus meiner Sicht neben der (Weiter-) Qualifizierung
in Deutschland lebender Arbeitskräfte die Notwendigkeit besteht, die qualifizierte Zuwanderung von Arbeitskräften vorurteilsfrei zu diskutieren, um den aktuellen und zukünftigen
Herausforderungen begegnen zu können.

So bleibt festzuhalten, dass die Integration aller in den Arbeitsmarkt nicht nur eine Frage der sozialen Teilhabe und
Chancengerechtigkeit ist, sondern auch als elementares öko-
nomisches Interesse unseres Landes begriffen werden muss.

Auch in diesem Kapitel werde ich eingangs auf die Ausgangslage eingehen, um anschließend entlang von drei As-
pekten zu beschreiben wie wir in Berlin den aktuellen Herausforderungen begegnen. Auf Basis dieser Überlegungen,
werde ich anschließend schildern, welche Leitgedanken wir
zu diesem Themenkomplex in der „Zukunftswerkstatt Integration" diskutiert und entwickelt haben.

Die Ausgangslage

Wie schon bei der Erörterung des Themas Bildung müssen wir bei Fragen des Arbeitsmarktes unser Augenmerk vor allem auf sozial benachteiligte Geringqualifizierte lenken. Für Jugendliche aus sozial schwächeren Familien addieren sich die Benachteiligungen im Laufe ihres Bildungsweges. Gelingt es nicht frühzeitig, diese schlechteren Voraussetzungen auf Grund herkunftsbedingter Benachteiligung auszugleichen, wird sich dieses Handicap wie ein roter Faden durch das ganze Leben ziehen. Wer geringe Sprachkenntnisse hat, wer die Schule abgebrochen hat, wird es nicht leicht haben, einen Ausbildungsplatz zu finden. Wer keinen berufsqualifizierenden Abschluss erworben hat, wird Schwierigkeiten haben, einen Platz in der Arbeitswelt zu finden. Arbeitslosigkeit stellt die Menschen ins Abseits und verwehrt den Weg in die Mitte des gesellschaftlichen Lebens. Diese Spirale gilt es mit aller Kraft zu durchbrechen.

Die Beseitigung von sozialer Ungleichheit und herkunftsbedingter Benachteiligung ist deshalb auch für den Arbeitsmarkt von großer Relevanz. Auch hier gilt: Benachteiligungen sind überdurchschnittlich bei Einwanderern und ihren Kindern festzustellen, weil die Politik allzu lange versäumt hat, entsprechende Weichenstellungen – gerade in der Bildungspolitik – vorzunehmen. Die Friedrich-Ebert-Stiftung hat in ihrer im Juli 2011 erschienenen Expertise „Prekäre Übergänge vermeiden – Potenziale nutzen" von Ursula Beicht und Mona Granato noch mal auf die Ausgangslage hingewiesen:

So wachsen Jugendliche aus Einwandererfamilien erheblich häufiger in Familien mit einer ungünstigeren sozio-ökonomischen Situation auf. Diese Tatsache wirkt sich wie bereits dargelegt ungünstig auf die schulische Qualifikation aus. Diesen Zusammenhang macht auch die Dokumentation der Friedrich-Ebert-Stiftung deutlich, wenn sie darauf hinweist, wie stark sich der Einfluss des Schul-Abschlusses der Eltern und der berufliche Status des Vaters auf den Bildungserfolg der Kinder auswirkt. In der Zusammenfassung wird betont, dass der erworbene Schulabschluss in Abhängigkeit vom familiären Hintergrund beträchtlich voneinander abweicht:

„Jugendliche erreichen überproportional oft die (Fach-)Hochschulreife, wenn ihre Eltern über eine hohe Bildung verfügen und der Vater einen hohen beruflichen Status besitzt. Umgekehrt haben Kinder aus sozial schwächeren Familien besonders häufig nicht mehr als einen Hauptschulabschluss erlangt. Dies trifft auf Jugendliche aus Migrantenfamilien aufgrund ihrer ungünstigeren sozialen Herkunft deutlich öfter zu."

Die Bedeutung der sozialen Herkunft wirkt sich ebenfalls auf die beruflichen Bildungsentscheidungen der Jugendlichen aus. Die Studie konstatiert hier einen engen Zusammenhang: „Kommen Jugendliche aus besser gebildeten, statushöheren Elternhäusern, so neigen sie selbst bei gleichen schulischen Voraussetzungen seltener zu einer betrieblichen Ausbildung als Jugendliche aus weniger günstigen sozialen Verhältnissen, und zwar auch dann, wenn sie nicht über eine Studienberechtigung verfügen."

Diese Lage wird durch Benachteiligungen auf dem Ausbildungs- und Arbeitsmarkt noch verschärft. So haben zum Beispiel junge Erwachsene aus Einwandererfamilien bei gleicher schulischer Bildung noch immer schlechtere Chancen auf einen Ausbildungsplatz. Auch aus diesem Grund gelangen sie doppelt so oft in den bekannten Übergangssystemen, bleiben aber zu einem Drittel auch zwei Jahre nach der Übergangsmaßnahme ohne Ausbildungsplatz. Frustrationen sind nicht selten die Folge.

Deutschland besitzt mit der dualen Ausbildung ein weltweit einmaliges System der beruflichen Bildung, das einen sehr guten Ruf genießt. Es ist allerdings besorgniserregend, dass gerade junge Menschen aus Einwandererfamilien in den dualen Ausbildungsberufen stark unterrepräsentiert sind: So weist die Statistik für das Jahr 2008 eine Ausbildungsbeteiligungsquote von 68,2 Prozent für deutsche Jugendliche aus, während Jugendliche ohne deutsche Staatsbürgerschaft nur zu 32,2 Prozent auf diesem Weg in den Arbeitsmarkt integriert werden.

Des Weiteren verhindert die komplizierte Anerkennung ausländischer Berufsabschlüsse einen gerechten Zugang zum deutschen Arbeitsmarkt. Leider liegt dazu bisher kein valides Datenmaterial vor, was die Bundesregierung dringend nachholen muss. Arbeitmarktexpertinnen und -experten weisen aber darauf hin, dass in Deutschland Zukunftschancen junger Menschen vielfach verbaut und wertvolle Potenziale für die Unternehmen verschenkt werden.

Bei dieser Ausgangslage verwundert es nicht, dass die Erwerbstätigenquote von Menschen mit Einwanderungsgeschichte deutlich niedriger und die Arbeitslosenquote deutlich höher liegt. Dies zeigt auch eine Studie des Bundesamtes für Migration und Flüchtlinge mit dem Titel „Migranten am Arbeitsmarkt in Deutschland". Demnach liegt die Erwerbstätigenquote bei Männern mit Migrationshintergrund in Deutschland knapp 10 Prozent niedriger im Vergleich zu Männern ohne Migrationshintergrund. Bei den Frauen mit Migrationshintergrund ist dieses Bild noch deutlicher: Ihre Erwerbstätigenquote ist um gut 15 Prozent geringer. Besonders erschütternd ist, dass sich diese Schere zumindest demografisch nicht schließt. Im Gegenteil: Die Erwerbstätigkeit junger Menschen mit Migrationshintergrund steigt nicht gegenüber den anderen Alterskohorten.

Auch die Erwerbslosigkeit von Menschen mit Migrationshintergrund ist nach wie vor hoch: Mit 12,1 Prozent bei den Frauen und 13,8 Prozent bei den Männern etwa doppelt so hoch wie bei Menschen ohne Migrationshintergrund. Zudem hat sich die Arbeitslosenquote in Einwandererfamilien seit dem Jahr 2000 nicht verbessert. Sie liegt heute sogar um zwei Prozent höher.

Erwerbstätige mit Migrationshintergrund befinden sich zudem häufig in Jobs mit schlechter Karriereperspektive. So ist der Anteil derjenigen in dieser Gruppe, die ausschließlich geringfügig beschäftigt sind, signifikant höher. Es bleibt festzuhalten, dass Menschen mit Einwanderungsgeschichte in Deutschland nach wie vor überproportional in schlecht entlohnten und geringfügigen Beschäftigungsverhältnissen arbeiten.

Diese Zahlen stehen ziemlich nüchtern da. Dahinter stecken aber millionenfache Schicksale von Familien in Deutschland. Die Lage ist paradox: Während allerorten vom Fachkräftemangel die Rede ist, gelingt es uns nur unzureichend, diejenigen in den Arbeitsmarkt zu integrieren, die bereits in Deutschland leben. Die Folgen liegen auf der Hand: Menschen ohne Arbeit sind vom Prozess gesellschaftlicher Integration weitestgehend ausgeschlossen und laufen Gefahr, sich abzuschotten. Der Blick nach Europa zeigt, welch schreckliche Auswirkungen das haben kann: Während die Demonstrationen auf Grund hoher Arbeitslosigkeit und Perspektivlosigkeit junger Menschen in Spanien weitgehend friedlich verlaufen sind, mussten wir vor einigen Jahren in Frankreich erleben, wie schnell sich Gewalt Bahn brechen kann. Auch die furchtbaren Gewaltexzesse und Plünderungen in Großbritannien 2011 machen deutlich, wie schnell eine Situation eskalieren kann. Auch wenn die Ursachen vielfältig und die individuellen Motive unterschiedlich sein mögen, zeigt sich, wie explosiv das Gemisch werden kann, wenn es uns nicht gelingt, Tendenzen der sozialen Spaltung in den Griff zu bekommen. Auch deshalb gilt: Integrationspolitik bedeutet, nicht nachzulassen, Menschen in Ausbildung und Arbeit zu bringen.

Gerade wenn wir auf die Einwanderer in der jüngeren Geschichte unseres Landes blicken, wird deutlich: Integrationserfolge stellten sich überall dort ein, wo die Integration in den Arbeitsmarkt gelang. Als im vorletzten Jahrhundert polnische Gastarbeiter ins Ruhrgebiet einwanderten, wurden sie dringend gebraucht, um in den dortigen Bergwerken den Abbau von Kohle und Erzen zu unterstützen. Nicht nur diese schnelle Integration in den Arbeitsmarkt, sondern auch die besondere Solidarität und Verbundenheit der Kumpels „unter Tage" erleichterten den Zugewanderten eine schnelle Teilhabe am sozialen Leben der Arbeiterklasse. Heute spricht niemand mehr von Integrationsproblemen. Die Kaczmareks, Nowaks und Orlowskis sind heimisch geworden und längst deutsche Staatsbürgerinnen und Staatsbürger. Klar, auch dieser Integrationsprozess verlief nicht linear. Auch die sogenannten „Ruhrpolen" wurden diskriminiert und in bestimmte Stadtviertel abgedrängt. Doch obwohl es damals eine „echte" Integrationspolitik nach unseren heutigen Maßstäben nicht gab, war die Teilhabe am Arbeitsmarkt ein wesentlicher Faktor für erfolgreiche Integration.

Eine ähnliche Integrationsgeschichte wiederholte sich dann in der Frühphase der Bundesrepublik, als noch vor den Türken italienische „Gastarbeiterinnen" und „Gastarbeiter" nach Deutschland kamen. Größtenteils fanden sie eine Anstellung in der westdeutschen (Automobil-) Industrie. Gleichzeitig ließen sich ihre Familien nieder und eröffneten – zunächst eher als „Notlösung", bald als Erfolgsmodell – italienische Restaurants und Osterien, die den Deutschen bis dato unbekannte Gerichte wie Pizza und Pasta nahebrachten. So gelang eine relativ schnelle Integration vieler italienischer Einwanderinnen und Einwanderer.

Die Teilhabe am Arbeitsmarkt, sei es im Betrieb oder als Selbständige, haben es den Einwanderern und ihren Familien erleichtert, in Deutschland Fuß zu fassen. Und auch wenn die fremdenfeindlichen Ressentiments der Deutschen anfangs gerade gegenüber den Italienern erheblich waren, die NPD ungeahnte Wahlerfolge feierte (in den 60 Jahren bis zu 10 Prozent bei Landtagswahlen), und die aus Italien Eingewanderten sich hierzulande sicherlich alles andere als willkommen fühlten, dauerte es nur eine Generation bis sie in der Bundesrepublik akzeptiert wurden.

Es bleibt festzuhalten: Erstens braucht Integration Zeit. Eine oder auch zwei Generationen bis zur weitgehenden sozialen, rechtlichen, politischen und kulturellen Teilhabe an der Gesellschaft ist bereits eine sehr kurze Zeit. Wir müssen also auch Geduld haben, wenn wir über Integrationspolitik und ihre Erfolge diskutieren.

Zweitens beginnt für Einwandererinnen und Einwanderer Integration zuerst am Arbeitsmarkt, im Betrieb und in der Arbeitstätte. Wo gemeinsam an einem Produkt gearbeitet wird, wo die Arbeitspausen zum Ort des kulturellen Austausches werden, wo Arbeitnehmerinnen und Arbeitnehmer sich und ihre jeweiligen Familien kennenlernen, sei es beim Betriebsausflug oder bei gemeinsamen Begegnungen, wo man seine Hobbies und Vorlieben miteinander erlebt, dort gelingt Integration. Die Arbeitswelt und das Arbeitsleben normalisiert das Zusammenleben mehr, als wir es uns manchmal selbst eingestehen. Sie bringt Menschen zusammen, sie strukturiert den Tag. Gemeinsame Erfahrungen schaffen untereinander Akzeptanz und auch Solidarität. Gleichzeitig ermutig Teilhabe an Beschäftigung auch, seine Wünsche, Bedürfnisse und Rechte einzufordern. Denn wer Arbeit hat, steht nicht verschämt im Abseits, sondern erarbeitet sich eine Stellung in seinem sozialen Umfeld.

Es gibt daher gute Gründe, das Maß an Integrationsfähigkeit einer Gesellschaft in der Arbeitswelt zu erforschen. Die Offenheit des Arbeitsmarktes für Einwanderinnen und Einwanderer ist eine Grundvoraussetzung, um Integrationserfolge zu erzielen. Ich bin deshalb zutiefst davon überzeugt: Ohne Arbeit, von der man gut und sicher leben kann, sind alle wohlmeinenden Ansätze der Integrationspolitik zum Scheitern verurteilt. Das ist der Grund, warum sozialdemokratische Integrationspolitik immer und zuerst bei Bildung, Qualifizierung, Weiterqualifizierung und der Förderung von Beschäftigung sowie der kulturellen Offenheit und Diskriminierungsfreiheit des Arbeitsmarktes ansetzen muss.

Was macht Berlin?

Die widernatürliche Teilung Berlins führte zu einem Wegbrechen der Industrie, was wiederum zur Folge hatte, dass zahlreiche Menschen von einem Tag auf den anderen arbeitslos wurden. Keine andere Region in Deutschland musste innerhalb von Monaten einen solchen strukturellen Wandel des Arbeitsmarktes hinnehmen. Auf dieser Basis verfestigte sich mehr und mehr das Phänomen der Langzeitarbeitslosigkeit mit all seinen bitteren Folgeerscheinungen – auch und gerade für Kinder aus diesen Familien. Diese Entwicklung ist nicht mehr rückgängig zu machen. Aber Berlin hat neue Potenziale, die es zu fördern gilt: Vielfalt und Internationalität. Diese Chancen müssen wir verstärkt nutzen. Aus diesem Grund sprechen wir insbesondere Jugendliche aus Einwandererfamilien an, um sie in den Arbeitsmarkt zu integrieren und damit die Vielfalt auch im Arbeitsalltag stärker widerzuspiegeln. Das machen wir einerseits im Öffentlichen Dienst, aber wir sehen auch die Unternehmen in der Pflicht. Zudem wollen wir dafür sorgen, dass sich mehr internationale Firmen in dieser Stadt ansiedeln und die sogenannten migrantischen Unternehmen gestärkt werden.

Interkulturelle Öffnung des Öffentlichen Dienstes

Berlin als internationale Stadt benötigt eine entsprechend aufgestellte Verwaltung. Wenn Menschen aus aller Welt nach Berlin kommen, um hier zu leben und zu arbeiten, und in den Verwaltungseinheiten ihre ersten Ansprechpartnerinnen und Ansprechpartner finden, so steht es einer Stadt – einer Hauptstadt zumal – gut zu Gesicht, auch die Verwaltungen international zu gestalten. Es geht darum, unsere Verwaltungen der gesellschaftlichen Realität dieser von Vielfalt geprägten Stadt anzupassen. Ich bin der festen Überzeugung, dass eine größere interkulturelle Kompetenz, unter anderem durch die verstärkte Einstellung von Menschen mit Einwanderungsgeschichte, die Verwaltungen bereichert und hilft, Hemmschwellen zu senken, Berührungsängste abzubauen und allen Bürgerinnen und Bürgern der Stadt einen barrierefreien Zugang zu den Behörden zu ermöglichen. Es ist zugegebenermaßen nicht immer ganz einfach, einen solchen Paradigmenwechsel vorzunehmen. Dennoch ist es schon beeindruckend zu beobachten, wie die sprachliche Vielfalt die Verwaltungen verändert und dabei zugleich ein kompetenterer Umgang mit den Bedürfnissen der Bürgerinnen und Bürgern ermöglicht wird. Ich habe daher in den vergangenen fünf Jahren darauf gedrängt, den Anteil der Menschen mit Einwanderungsgeschichte bei Neueinstellungen auszubauen. Unser Werben hatte Erfolg: Ganz ohne eine rechtlich sowieso nicht durchsetzbare Quote haben wir mehr kulturelle Vielfalt im Öffentlichen Dienst geschaffen.

Es ist aber nicht damit getan, das Personal der Verwaltung zu internationalisieren. Es geht um Veränderungen im gesamten Öffentlichen Dienst. Diesen dringend notwendigen Prozess haben wir in Berlin mit aller Kraft in Angriff genommen. Dabei machen wir uns vor allem dafür stark, den Anteil der jungen Menschen mit Migrationshintergrund im Öffentlichen Dienst zu erhöhen. Wie wir aber feststellen mussten, ist dies gar nicht so einfach, denn insbesondere in Einwandererfamilien sind die Vorzüge unseres dualen Systems oft unbekannt. Gerade dort, wo Wert auf Bildung gelegt wird, kommt es nicht selten vor, dass mir die Eltern erzählen, eine Ausbildung sei unattraktiv. Sie möchten, dass ihr Kind studiert und einen angesehenen Beruf erlernt. Hier zeigt sich, dass der Wert, den eine duale Ausbildung hat und die beruflichen Perspektiven, die sich mit dem erfolgreichen Abschluss einer Ausbildung ergeben, in vielen Familien entweder zu wenig bekannt sind oder unterschätzt werden.

In Berlin haben wir aus dieser Erkenntnis Konsequenzen gezogen und im Jahr 2006 die Kampagne „Berlin braucht dich!" gestartet, mit der wir gezielt bei jungen Menschen aus Einwandererfamilien für eine Ausbildung im Öffentlichen Dienst werben. Es ist sinnvoll, verwaltungsübergreifend ein Projekt zu starten, mit dem man in der Lage ist, einen Bewusstseinswandel herbeizuführen. Die Dynamik der Initiative ist vielversprechend. Sie fußt auch auf der Erkenntnis, dass viele junge Menschen aus Einwandererfamilien spezifische

Kompetenzen mitbringen, über die deutsche Jugendlichen ohne Migrationshintergrund nicht verfügen. In Krankenhäusern werden beispielsweise zunehmend Menschen behandelt, die nur wenig deutsch sprechen oder auf Grund ihrer kulturellen Herkunft ein anderes Verhältnis zu Krankheit und zu ihrem Körper haben. Auszubildende, die diese kulturellen Kontexte kennen, die Sprache der Patientinnen und Patienten sprechen und sich kultursensibel verhalten können, sind bislang noch rar. Ebenso verhält es sich bei der Polizei oder der Feuerwehr. Auch hier braucht es Personal, das türkisch, arabisch oder russisch spricht, um im Bedarfsfall zielgerichteter agieren zu können. Gerade für die Arbeit der Polizei erhöhen spezifische Kenntnisse kultureller Besonderheiten die Akzeptanz erheblich.

Mittlerweile vereint die Kampagne dreißig Schulen und private wie öffentliche Unternehmen werben gezielt mit attraktiven Betriebskontakten und Praktika um Jugendliche aus Einwandererfamilien. Neben den Berliner Senats- und Bezirksverwaltungen beteiligen sich große öffentliche Berliner Betriebe wie die Stadtreinigung, die Berliner Wasserbetriebe und der Krankenhauskonzern Vivantes. Der Erfolg gibt der Kampagne recht: Im Jahr 2006 betrug der Anteil der Azubis mit Migrationshintergrund im Land Berlin noch 8,6 Prozent im Jahr 2010 ist er bereits auf fast 20 Prozent geklettert. Unser Ziel: Im Jahr 2013 soll der Anteil bei 25 Prozent liegen. Dieses Ziel hat die Berliner Innenverwaltung seit 2009 bereits erreicht. Und auch die Berliner Polizei ist auf einem guten Weg und hat den Anteil der Polizeianwärterinnen und Polizeianwärter mit Migrationshintergrund stetig erhöht.

Ich bin der festen Überzeugung, dass die Kampagne „Berlin braucht Dich!" ein erster wichtiger Schritt war, um einerseits die interkulturelle Öffnung des Öffentlichen Dienstes voranzutreiben und andererseits verstärkt in Einwandererfamilien für den Ausbildungsberuf als solchen zu werben. Das reicht aber noch nicht, denn wir sehen auch die Unternehmen in der Verantwortung.

Verantwortung der Unternehmen

In der gesamten Integrationsdebatte wird aus meiner Sicht die Verantwortung der Unternehmen unterbewertet. Es ist schade, dass gerade ihre Rolle und auch die ihrer Dachverbände, bei Integrationsfragen von professionellen Beobachterinnen und Beobachtern nicht stärker beleuchtet wird. Da Unternehmen ein originär geschäftliches Interesse am sozialen Frieden in der Gesellschaft haben, dürfen sie sich dieser Aufgabe nicht verschließen. Alle staatlichen und gemeinnützigen Initiativen der Integrationspolitik werden fehl laufen, wenn die Unternehmen und Betriebe nicht ihren Beitrag leisten. Dieser Appell zur verstärkten Unterstützung sollte dabei nicht als bevormundende Zwangsaufgabe verstanden werden – sie ist vielmehr im originären Interesse eines jeden einzelnen Unternehmens zu verstehen.

Meine Erfahrung ist, dass die Wirtschaft durchaus für Argumente zugänglich ist. Während global agierende Großkonzerne schon längst um die Vorteile einer vielfältigen Belegschaft wissen, kommt auch auf Grund der zurückgehenden Schulabgängerzahlen in den kleinen und mittleren Betrieben langsam an, dass sie sich nicht mehr darauf verlassen können, unter einer Vielzahl eingegangener Bewerbungen entspannt auswählen zu können. Sie müssen selbst aktiver werden.

Es ist ein gutes Zeichen, dass in Berlin Betriebe und Unternehmen in die Offensive gehen. Gerade dort, wo das Elternhaus nur wenig Erfahrung und Wissen bietet, müssen Schulen und Betriebe Berufswege aufzeigen und Möglichkeiten der Erprobung und des Kennenlernens betrieblicher Realität anbieten. Und hier kommen die Unternehmen ins Spiel. So ist es uns in Berlin mit der bereits erwähnten Schulstrukturreform in Form der Einführung der Integrierten Sekundarschule als Zusammenschluss von Haupt- und Realschule gelungen, das „Duale Lernen" einzuführen. Ziel ist es, den Schülerinnen und Schüler ab der 7. Klasse praktische Angebote der Berufsorientierung und Betriebsbegegnung zu unterbreiten. Durch Partnerschaften zwischen Schulen und Betrieben ergibt sich ein direkter Kontakt und persönlicher Eindruck zwischen heranwachsenden Fachkräften und Unternehmen.

Auf diese Weise wird ermöglicht, dass jede Schülerin und jeder Schüler im Laufe ihrer Schulzeit über des System der beruflichen Bildung und die Palette der Ausbildungsberufe informiert ist und ausreichend praktische Erfahrung im Betrieb gesammelt hat. Zudem werden kulturelle Barrieren und manche Vorurteile abgebaut, persönliche Verhältnisse aufgebaut und so auch der Übergang von der Schule in den Betrieb erleichtert. Gerade für Schülerinnen und Schüler aus Familien, in denen die Eltern wenig Unterstützung anbieten können, ist diese Entwicklung bedeutend: Ihre Berufsentscheidungen erfolgen systematischer und sind weniger dem Zufall überlassen, damit steigern sie ihre Chancen auf eine gute berufliche Zukunft. Viele Unternehmen und auch die Schulen, die ich besuche, berichten mir, dass dies ein überaus erfolgreiches Modell ist, um Berufsorientierung zu ermöglichen und Ausbildung auszubauen. Daher haben wir uns entschlossen, künftig zwischen jeder weiterführenden Schule und einem Betrieb eine Kooperationsvereinbarung abzuschließen.

Verstärkt werden wir uns in Zukunft auch darauf konzentrieren, ausländische Unternehmen und Betriebe und Firmen, die von Einwanderinnen und Einwanderern geführt werden, in dieses System zu integrieren. Wir versprechen uns davon, dass vor allem Jugendliche aus Einwandererfamilien besser angesprochen werden können.

Mit der Sekundarschule und dem Dualen Lernen haben wir das System des Übergangs von der Schule in den Beruf auch dank des Engagements zahlreicher Unternehmer transparenter, attraktiver und gerechter gemacht und neue Chancen eröffnet. Ein weiterer Baustein, um Schülerinnen und Schülern, die herkunftsbedingt benachteiligt sind, gerechtere Lebenschancen zu eröffnen und dem Fachkräftemangel zu begegnen.

Unternehmen stärken – Ideen fördern

Damit Arbeitsplätze entstehen können, bedarf es einer modernen und erfolgreichen Wirtschaft. Gerade in Berlin gibt es zahlreiche Menschen mit vielen Ideen für neue Märkte. Diese Ideen werden wir zukünftig noch stärker fördern. Aus diesem Grund haben wir in diesem Jahr mit den „Berliner Perspektiven" ein umfassendes Wirtschaftskonzept vorgelegt, das sich gezielt mit den Chancen einer internationalen Metropole im Bereich Wirtschaft und Arbeit auseinandersetzt. Viele haben sich bei der Entwicklung des Plans eingebracht: Kluge Köpfe aus Wissenschaft, Wirtschaft, Politik und Gesellschaft waren daran beteiligt. Rund 100 Expertinnen- und Experten-Interviews wurden geführt, Studien aufgearbeitet und herausgearbeitet, was die entscheidenden Weichenstellungen für die Wirtschaft und die Arbeitsplätze der Zukunft sind.

Diesen Plan hier im Detail vorzustellen, würde zu weit gehen. Dennoch will ich auf einige Punkte eingehen, um deutlich zu machen, welche Schwerpunkte wir in Berlin setzen, um neue Arbeitsplätze zu schaffen und noch mehr Menschen in den Arbeitsmarkt integrieren zu können. Und ich möchte dafür werben, dass ein solches interdisziplinäres Herangehen durchaus Modellcharakter auch für andere Kommunen, Bundesländer und Deutschland insgesamt haben kann. Denn, wenn es gelingt, die zentralen Entscheider an einen Tisch zu holen und mit ihnen einen gemeinsamen Plan zu erarbeiten, hat man eine wichtige Grundlage geschaffen, bei den zentralen Weichenstellungen für die Zukunft an einem Strang zu ziehen.

In Berlin haben wir in den vergangenen Jahren hart daran gearbeitet, die zukünftigen Wachstumsfelder zu identifizieren, gezielt zu fördern und miteinander zu verbinden. In den kommenden Jahren werden wir verstärkt dafür sorgen, dass die Stärken der Stadt noch besser zur Entfaltung kommen. Das bedeutet insbesondere Kreativität, innovative Technologien und gut ausgebildete Fachkräfte mit Investitionen in Zukunftsfelder und Zukunftsorte zu kombinieren. Dazu gehört, die Strategie der Clusterbildung zu erweitern und Schwerpunktsetzungen vorzunehmen: Der Dienstleistungssektor, die Kreativwirtschaft, die Gesundheitswirtschaft, der Wissenschafts- und Technologiestandort und E-Mobility bergen enormes Potenzial. Hier entstehen die Arbeitsplätze der Zukunft.

Mit den „Berliner Perspektiven" legen wir den Grundstein für eine neue Gründerzeit. Innovative Ideen müssen rasch Realität werden können und dürfen nicht an bürokratischen Hürden scheitern. Wir werden für die nächsten fünf Jahre einen Zukunftsfonds einrichten, der jährlich 10 Millionen Euro umfasst. Ziel ist es, raschen Zugang zu Kapital sicherzustellen und eine bessere Vernetzung von Berliner Wissenschafts- und Forschungseinrichtungen mit Berliner Unternehmen zu organisieren. Wir setzen auf moderne Verwaltungsstrukturen und sind uns sicher, dass Berlin als Sitz vieler Verwaltungszentralen hier eine Vorreiterrolle einnehmen wird. Zahlreiche Unternehmen, die sich auf IT-gestützte Verwaltungsprozesse spezialisiert haben, finden in Berlin einen riesigen Markt. Berlin wird als IT-Dienstleistungszentrum wachsen – so stelle ich mir eine sinnvolle Kombination von Verwaltungen, Dienstleistung und Industrie vor. Unser Ziel ist es, dass die Hauptstadt der Verwaltungen zur Hauptstadt der Verwaltungs-IT wird.

Und noch etwas ist selbstverständlicher Teil des Konzepts: Die Grundlage für Prosperität und Wachstum einer Stadt ist die Infrastruktur. Wir brauchen die beste Infrastruktur aller vergleichbaren europäischen Großstädte, und wir sind auf einem guten Weg. Das gilt für Straße, Schiene oder Flughafen sowie für Netze in Energie und Internet oder für Kitas, Schulen und Universitäten. Berlin hat in den vergangenen 20 Jahren seine Infrastruktur in einem atemberaubenden Tempo auf die Höhe der Zeit gebracht. Dieser Prozess wird konsequent weitergehen, denn er ist die Grundlage unseres heutigen Wachstums und damit auch die Grundlage zur Schaffung neuer Arbeitsplätze.

Um nur einige konkrete Beispiele zu nennen: Wir werden weiter hart für den Erfolg des Berliner Großflughafens „Willy Brandt" arbeiten. Unser Ziel ist ein internationales Drehkreuz, das tausende von Arbeitsplätzen schaffen wird. Die ehemaligen Flughäfen Tempelhof und Tegel werden zu Zukunftsstandorten der Elektromobilität und der Urban Technologies ausgebaut. In Berlin-Buch und dem Standort Heidestraße werden wir die „Medical City Berlin" gründen und die Gesundheitswirtschaft gezielt stärken. Unser Energiefonds wird helfen, die Umwelttechnik und *Smart Grit* voranzubringen. Berlins Zukunft ist vielfältig und international. Darauf konzentrieren uns.

Wirtschaftsförderung ist kein Selbstzweck. Wirtschaftlicher Aufschwung und Prosperität hat den Menschen zu dienen, muss dafür sorgen, dass gute Arbeit entsteht und bessere Löhne bezahlt werden können. Gezielte Wirtschaftsförderung hilft, Arbeitsplätze zu schaffen und Arbeitsplätze sind die Grundlage für gesellschaftliche Teilhabe. Das ist die Philosophie der „Berliner Perspektiven". Unsere Konzentration gilt ebenso der Schaffung neuer Arbeitsplätze für Hochqualifizierte wie der Bekämpfung der Langzeitarbeitslosigkeit.

Die „Berliner Perspektiven" enthalten eine Vielzahl an konkreten Maßnahmen, um Menschen in Arbeit zu bringen. Auf einen Aspekt möchte ich kurz eingehen, weil er sich konkret mit der Frage der Integration von Einwanderern in den Arbeitsmarkt beschäftigt: Viele Menschen, die in den vergangenen Jahrzehnten nach Deutschland gekommen sind, haben in ihren Herkunftsländern bereits Abschlüsse erworben, die hier in Deutschland nicht oder nur teilweise anerkannt werden. Viele arbeiten gar nicht oder sind in Beschäftigungsverhältnissen gelandet, die ihren Qualifikationen nicht entsprechen. Wir wollen diesen Zustand beenden, indem wir mit Hilfe eines Pilotprojekts, das zunächst in Ingenieurstudiengängen getestet wird, die Möglichkeit schaffen, dass ausländische Hochschulabschlüsse im Rahmen eines dreisemestrigen Aufbaustudienprogramms als vollwertige deutsche Abschlüsse anerkannt werden. Dieses Programm, das wir „Kickstart Berlin" nennen und das von den Berliner Hochschulen verantwortlich umgesetzt werden soll, hat zum Ziel, Absolventinnen und Absolventen auf ihre zukünftigen Arbeitsfelder in Deutschland vorzubereiten. Auf Grundlage ihrer bereits erbrachten Studienleistungen im Herkunftsland können Interessierte in einem höheren Fachsemester einsteigen, um so schneller einen deutschen Abschluss zu erlangen.

Wir haben uns aber nicht nur über Hochqualifizierte Gedanken gemacht. In den „Berliner Perspektiven" stellen wir neben anderem zum Beispiel auch Patenmodelle für Langzeitarbeitslose vor, deren Ziel es ist, den Betroffenen dabei zu helfen, die ersten Schritte zu einem selbstbestimmten Arbeitsleben zu gehen. Für diese Modelle wollen wir neben den öffentlichen Institutionen auch die Privatwirtschaft gewinnen, denn Langzeitarbeitslosigkeit ist eine Aufgabe der ganzen Gesellschaft. Beispielhaft sei hier das Patenmodell „Wir sind dabei" erwähnt, das vorsieht, dass Unternehmen, Handwerksbetriebe, Firmen, Schulen, Hochschulen, Museen, Forschungseinrichtungen aber etwa auch Schwimmbäder oder sonstige Sporteinrichtungen eine Patenschaft für Langzeitarbeitslose übernehmen, um diese mit der Einrichtung und einem geregelten Lebensalltag vertraut zu machen.

In den „Berliner Perspektiven" finden sich zahlreiche Ideen, um die Zugänge zum Arbeitsmarkt zu erleichtern, weshalb ich an dieser Stelle noch einmal dafür werben möchte, sich das Konzept im Detail anzuschauen. Ich bin der festen Überzeugung, dass Berlin hier modellhaft für andere Verwaltungseinheiten einen umfassenden Ideenfundus ausgearbeitet und vorgestellt hat.

Forderungen der Zukunftswerkstatt

Viele der bereits beschriebenen Punkte haben wir im Rahmen der „Zukunftswerkstatt Integration" mit zahlreichen Expertinnen und Experten diskutiert. Im Wesentlichen erfolgte hier die Konzentration darauf, Maßnahmen zu diskutieren, um einer von Vielfalt geprägten Gesellschaft auch in der Arbeitswelt besser gerecht werden zu können.

Vielfalt als Chance begreifen

Diversität und Vielfalt tragen nicht nur zu einer weltoffenen Unternehmenskultur bei – sie sind vielmehr ein harter ökonomischer Nutzfaktor für die Wirtschaft. Viele Unternehmen haben das längst erkannt. Sie wissen, dass sie in ihrer Belegschaft über unterschiedlichste Kompetenzen verfügen müssen, um auf den globalen Märkten zu bestehen. Daher suchen sie gezielt Mitarbeiterinnen und Mitarbeiter unterschiedlicher Herkünfte und biografischer Hintergründe. Vielfalt ist eines der entscheidenden Auswahlkriterien bei Einstellungen geworden. Die Personalabteilungen – heute zumeist Human Resources genannt – wissen, dass Vielfalt eine elementare Bedingung für unternehmerischen Erfolg geworden ist. Gerade international agierende Unternehmen sind sich der Vorzüge des „Diversity Managements" sehr wohl bewusst.

Dieses Thema war oft Gegenstand der Beratungen in der Zukunftswerkstatt. Allen Beteiligten war klar, dass auch die Politik hier gefordert ist, aktiver zu werden. Ansätze des „Diversity Managements" müssen deshalb weiter gezielt gefördert und ausgebaut werden. Dazu gehört auch, die im Rahmen des Nationalen Integrationsplans und der „Charta der Vielfalt" eingegangenen Selbstverpflichtungen umzusetzen und wo nötig noch verbindlicher zu kontrollieren. Betriebsräte und Unternehmen, Personalräte und Behörden müssen gemeinsam daran arbeiten, mehr Vielfalt in den Betrieben und Unternehmen sicherzustellen – das gilt vom kleinen Handwerksbetrieb bis hin zu den Großunternehmen. Dazu ist es auch erforderlich, entsprechende Ziele und Instrumente noch stärker in betrieblichen Vereinbarungen verbindlich und transparent zu regeln.

Diskriminierungen am Arbeitsmarkt bekämpfen

Ein wichtiger Aspekt ist die Bekämpfung von Benachteiligungen am Arbeitsmarkt. Das vor fünf Jahren nach heftigen und langwierigen Debatten beschlossene Gleichbehandlungsgesetz (AGG), umgangssprachlich auch Antidiskriminierungsgesetz genannt, war ein wichtiger Meilenstein im Kampf gegen Diskriminierung und für mehr Gleichstellung in unserer Gesellschaft. Es wurde festgeschrieben, dass niemand wegen der ethnischen Herkunft, des Geschlechts, der Religionszugehörigkeit oder Weltanschauung, wegen Behinderung, Alter oder sexueller Identität in der Arbeitswelt und bei wichtigen privaten Rechtsgeschäften benachteiligt werden darf. Seit Inkrafttreten dieses Gesetzes können sich Bürgerinnen und Bürger umfassend gegen Diskriminierung zur Wehr setzen.

Ich finde, dass dieses Gesetz Ausdruck einer modernen und vielfältigen Gesellschaft ist. Die Einrichtung der Antidiskriminierungsstelle des Bundes und ihre tägliche Arbeit zeigen, wie wichtig es ist, dass es eine Anlaufstelle gibt, die sich mit der alltäglichen Diskriminierung auseinandersetzt. Es wurde viel erreicht, aber von einer diskriminierungsfreien Gesellschaft auch in der Arbeitswelt sind wir noch weit entfernt. Dabei ist auch klar: Nicht alles lässt sich gesetzlich verordnen und nicht alles sollte gesetzlich verordnet werden. Die gesetzliche Regelung ist eine notwendige, aber keine hinreichende Bedingung zur Bekämpfung von Diskriminierung im Alltag.

Deshalb müssen wir die Augen offenhalten und gegebenenfalls gegensteuern, wenn wir auf Diskriminierungen stoßen. Beispielhaft sei hier die im Februar 2010 vom Bonner Institut zur Zukunft der Arbeit (IZA) vorgestellte Studie der Uni Konstanz zur ethnischen Diskriminierung am deutschen Arbeitsmarkt erwähnt, die deutlich machte, dass Stellenbewerber mit ausländischen Wurzeln auf dem deutschen Arbeitsmarkt stark benachteiligt werden. In einem Feldversuch mit über 1000 Bewerbungen wurden Diskriminierungen bei Bewerbungsverfahren nachgewiesen. So wurden auf Ausschreibungen für Praktika identische Bewerbungsunterlagen mit unterschiedlichen Namen – mal deutsch, mal türkisch – eingereicht. Aus den Unterlagen ging hervor, dass alle deutsche Muttersprachler und im Besitz der deutschen Staatsbürgerschaft waren. Das Ergebnis: Die positiven Rückmeldungen für die Bewerbungen mit türkischen Namen lagen zu 14 Prozent niedriger als bei den deutschen Namen. Bei kleineren Unternehmen war das Ergebnis noch deutlicher: Hier hatten die Bewerber mit türkischen Namen bei gleicher Qualifikation eine um 24 Prozent geringere Chance, zu einem Bewerbungsgespräch eingeladen zu werden. Interessant war zudem, dass bei Bewerbungen mit türkischen Namen, denen ein Empfehlungsschreiben von früheren Arbeitgebern beigelegt wurde, die Chance zu einem Gespräch eingeladen zu werden, annähernd gleich waren. Dieser Befund wurde als Beleg für „statistische Diskriminierung" gewertet, weil die Personalmanager Bewerber türkischer Herkunft schlechter einschätzen können. Zwei Konsequenzen sind daraus zu ziehen:

1. Die interkulturelle Kompetenz der Personalmanager muss verbessert werden.
2. Die bereits laufenden Modellprojekte zu anonymisierten Bewerbungsverfahren müssen zügig evaluiert werden, um herauszufinden, ob diese Methode hilft, Diskriminierungen beim Zugang zum Ausbildungs- und Arbeitsmarkt abzubauen.

Interkulturelle Öffnung voranbringen

Dieser bereits mehrfach thematisierte Aspekt war auch ein Dauerthema in den Beratungen der Zukunftswerkstatt. Für den Berliner Öffentlichen Dienst habe ich deutlich gemacht, wie wir uns dieses notwendigen Veränderungsprozesses annehmen. Wir sehen darüber hinaus dringenden Änderungsbedarf bei den Jobcentern und der Bundesagentur für Arbeit. Aus diesem Grund schlagen wir vor, Ziele und Maßnahmen für eine verbesserte berufliche Beratung und Vermittlung sowie für eine zielgenauere Fort- und Weiterbildung der Bürgerinnen und Bürger mit Einwanderungsgeschichte mit den Arbeitsagenturen und Jobcentern zu vereinbaren. Um eine gute Betreuung der Arbeitsuchenden mit und ohne Migrationshintergrund zu sichern, sollen alle Mitarbeiterinnen und Mitarbeiter der Arbeitsagenturen und Jobcenter in „Interkultureller Kompetenz" geschult, das Diversity-Konzept der Bundesagentur weiterentwickelt und bei den Mitarbeiterinnen und Mitarbeitern noch bekannter gemacht werden. Zielgruppenspezifische interkulturelle Trainings sollen als fester Bestandteil in den internen Weiterbildungskatalog der Bundesagentur für Arbeit aufgenommen und ein eigenes Fortbildungsmodul „Kundinnen und Kunden mit Einwanderungsgeschichte" angeboten werden.

Ebenso müssen weitere Anstrengungen unternommen werden, um den Anteil der Mitarbeiterinnen und Mitarbeiter mit Einwanderungsgeschichte in den Arbeitsagenturen und Jobcentern zu erhöhen. Falsch ist die Politik der amtierenden Bundesregierung, weil sie unvertretbar hohe Einsparungsvorgaben beim Eingliederungstitel für die Arbeitsmarktvermittlung vorgenommen hat. Die jährlich in die Milliarden Euro gehenden Kürzungen betreffen bundesweit alle Arbeitsagenturen und Jobcenter. Insbesondere Programme, die sich speziell an die Arbeitsmarktvermittlung von Kundinnen und Kunden mit Einwanderungsgeschichte richten, leiden unter dem unverantwortlichen Kahlschlag und verhindern gleiche Chancen auf Arbeitsmarktintegration.

Fachkräftemangel bekämpfen

In immer kürzeren Abschnitten ist von den Verbänden der deutschen Wirtschaft das Klagelied des Fachkräftemangels zu hören. Schon im Krisenjahr 2009 konnten 34 000 Ingenieurstellen nicht besetzt werden. Mit verbesserter Konjunktur steigt der Bedarf zusätzlich. Nach Angaben des Instituts der Deutschen Wirtschaft fehlten im Juli 2010 65 000 Fachkräfte der MINT-Berufe – also mit Schwerpunkt Mathematik, Informatik, Naturwissenschaften und Technik. Kerstin Schwenn stellt in der Frankfurter Allgemeinen Zeitung vom 6. Juli 2011 sogar einen Bedarf von 140 000 technisch-naturwissenschaftlichen Spezialisten fest.

Allein in Berlin und Brandenburg werden in den nächsten zehn Jahren laut einer Fachkräftestudie 362 000 Arbeitsplätze nicht besetzt werden können. Nach einer Studie der Prognos AG aus dem Jahre 2010 wird die deutsche Wirtschaft insgesamt einen Arbeitskräftemangel von 3 Millionen auszugleichen haben. Bis 2020 wird ein Bedarf von 5 Millionen prognostiziert. Die Vereinigung der bayerischen Wirtschaft (vbw) spricht davon, dass bis 2030 5,2 Millionen Fachkräfte fehlen werden. Und der Chef der Bundesanstalt für Arbeit Frank-Jürgen Weise hat erst kürzlich verlauten lassen, dass er für Deutschland einen Bedarf von 200 000 Zuwanderern pro Jahr für den Arbeitsmarkt sieht. Dringender Bedarf besteht bei Ärzten, in der Altenpflege, bei Pädagogen und im Baugewerbe. An diesen Zahlen wird deutlich, wie groß die Herausforderungen werden können. Ich zweifle diese Zahlen nicht an und sehe ebenfalls die dringende Notwendigkeit für qualifizierte Zuwanderung. Aber ich erwarte, dass wir in der politischen Diskussion ein wenig sensibler verfahren, um Fehler der Vergangenheit nicht zu wiederholen.

Mehr Sensibilität in der Debatte bedeutet für mich zweierlei: Um die Menschen mitzunehmen, ist es wichtig, dass auch die Unternehmen ihrer Verantwortung gerecht werden. Es genügt nicht, nur nach Fachkräften aus aller Welt zu rufen. Es muss mehr und über Bedarf ausgebildet und weiterqualifiziert werden. Wenn ich Betriebe besuche, frage ich immer, wie hoch denn eigentlich die Ausbildungsquote ist. In kleineren Betrieben liegt sie oft bei 10 bis 15 Prozent, weil die Eigentümer sich daran erinnern, dass sie selbst mal eine gute Ausbildung erhalten haben. Deshalb kümmern sie sich auch um die Jugendlichen – sogar um die, die auf den ersten Blick nicht die Strahlefrauen und -männer sind. Aber ich komme auch in Großunternehmen, und da stelle ich häufig fest: Die Ausbildungsquote liegt unter 5 Prozent. Ich erwarte, dass in den Unternehmen – zumal in den großen Konzernen – mehr ausgebildet wird. Und ich erwarte einen Mentalitätswandel bei der Arbeitgeberschaft: Sie können nicht mehr nur warten, bis sich junge Menschen bei ihnen bewerben, sondern sie müssen offensiv um junge Fachkräfte werben. Gerade junge Menschen mit Migrationshintergrund stellen ein unschätzbares Potenzial an Fachkräften dar, auf die wir angesichts der demografischen Entwicklung heute und künftig gar nicht mehr verzichten können. Hier liegt für Unternehmen eine riesige Chance. Diejenigen, die sie ergreifen – davon bin ich überzeugt –, werden die erfolgreichen Unternehmer von morgen sein. Betriebe, die sich aber auf die veränderten Rahmenbedingungen nicht endlich einstellen, werden keine Zukunft haben. In einigen Branchen sind aufgrund des Fachkräftemangels schon heute Wohlstandsverluste zu verzeichnen, weil das mögliche Wachstum nicht realisiert wird. Integration, Ausbildung und Offenheit auf dem Arbeitsmarkt sind also die Basis für die Wettbewerbsfähigkeit und den wirtschaftlichen Erfolg unseres Landes. Innovative und zukunftsfähige Unternehmen sind die, die diese Chancen beherzt ergreifen, ausbilden, qualifizieren und kulturelle Diversität praktizieren.

Diese und andere Voraussetzungen müssen erfüllt sein, damit wir vorurteilsfrei über Einwanderung aus dem Ausland sprechen können: Es muss deutlich werden, dass ernsthaft Anstrengungen unternommen werden, um die Lage auf dem Arbeitsmarkt weiter zu entspannen, um die Chancen für Frauen auf dem Arbeitsmarkt zu verbessern und um Arbeiten bis zum gesetzlichen Rentenalter auch möglich zu machen. Die Menschen müssen sehen, dass sich ein glaubhafter Mentalitätswechsel vollzieht, dann sind sie auch bereit, alle anderen Schritte mitzugehen. Ich sage das als jemand, der persönlich davon überzeugt ist, dass unser Land nur als vielfältige und weltoffene Gesellschaft zukunftsfähig aufgestellt werden kann. Ich bin mir sicher, selbst wenn wir alle oben genannten Anstrengungen unternehmen und zu einer optimalen Ausschöpfung der vorhandenen Potenziale kommen, werden wir zusätzlich auf Einwanderung angewiesen sein. Ich kenne aber die vorherrschenden Vorurteile und die Debatten der vergangenen Jahre und Jahrzehnte, die nicht selten zu einer starken Polarisierung unserer Gesellschaft geführt haben. Dies will ich zukünftig vermeiden.

Das führt mich zu dem zweiten Punkt: Die Debatte um den Zuzug von Arbeitskräften aus dem Ausland ist im Kern vor allem auch eine Debatte um eine Gesamthaltung in der Gesellschaft. Notwendige Einwanderung und erfolgreiche Integration wird uns nur dann gelingen, wenn wir kollektiv die Haltungsfrage beantworten: Ist Deutschland endlich bereit, sich als Einwanderungsland zu verstehen?

Deutschland ist ein Einwanderungsland

„Deutschland ist ein Einwanderungsland" – dieser Satz hat zu unzähligen Diskussionen geführt. Das ist gelinde gesagt absurd, weil jeder halbwegs denkende Mensch weiß, dass dem so ist. In den vergangenen Jahrzehnten sind Millionen Menschen nach Deutschland eingewandert – aus unterschiedlichen Gründen. Alle sind in der Hoffnung gekommen, in Deutschland für sich und ihre Kinder ein neues, ein besseres Leben aufbauen zu können. Niemand hat einfach mal so vorbeigeschaut. Ich unterstelle, dass die meisten Menschen ihr Land, ihre Heimat geliebt haben. Sie sind gegangen, weil sie bedroht waren durch Krieg oder durch Verfolgung oder wegen ökonomischer Perspektivlosigkeit.

Lange, viel zu lange, wurde in der Debatte um Einwanderung vollkommen ignoriert, dass unser Land aktiv um Einwanderer geworben hat, weil wir auf Arbeitskräfte aus dem Ausland angewiesen waren und es weiter sind. Die Debatte nahm vor allem dann immer Fahrt auf, wenn die Wirtschaft nach Arbeitskräften rief, weil offene Stellen nicht besetzt werden konnten. Das war in den 1950er- und 1960er-Jahren ebenso der Fall wie heute wieder. Die Anforderungen an die Arbeitskräfte haben sich zwar geändert, das Prinzip ist dasselbe.

Die Tatsache jedoch, dass der schlichte Satz „Deutschland ist ein Einwanderungsland" von vielen politisch Verantwortlichen, vor allem von Konservativen, viel zu lange verkannt oder bewusst negiert wurde, führte dazu, dass eine moderne Einwanderungs- und Integrationspolitik als politische Gestaltungsaufgabe gar nicht ernsthaft angegangen wurden.

Dabei bedeutet „Einwanderungsland" nichts Böses, sondern beschreibt die Realität. Gezielte Einwanderung in die Bundesrepublik gibt es seit 1955, echte Integrationspolitik erst seit knapp zehn Jahren. Zuwanderungsgesetz, Sprach- und Integrationskurse sowie das Allgemeine Gleichbehandlungsgesetz sind Maßnahmen, die seit 1998 von Sozialdemokratinnen und Sozialdemokraten vorangetrieben wurden. Wir waren es, die einen Mentalitätswechsel eingeleitet haben, in dessen Folge endlich von einer Mehrheit anerkannt wurde, dass Deutschland ein Einwanderungsland ist und Integrationspolitik notwendig macht.

Bei Integrationsversäumnissen der Vergangenheit können wir heute nur nacharbeiten. Eine ebenfalls notwendige moderne Einwanderungspolitik können wir aber jetzt aktiv gestalten. Beides muss geschehen: Denn ohne erfolgreiche Integration von In- und Ausländern und ohne moderne Einwanderungspolitik wird unser Land mittelfristig auf die Verliererstraße geraten.

Die Frage, die auch in der SPD gestellt wird, lautet: Sollten nicht zuerst diejenigen eine Chance erhalten, die hier bereits leben, bevor wir weitere Fachkräfte aus dem Ausland anwerben? Ich habe deutlich gemacht, dass ich diese Frage für berechtigt erachte und die Unternehmen hier in der Verantwortung sehe. Dennoch greift sie zu kurz. Der Arbeitsmarkt ist kein Steckspiel, in dem man fehlende Arbeitskräfte durch nachrückende Arbeitslose ersetzt. Die Branchen, in denen Arbeitskräfte bereits jetzt gesucht werden – vor allem der MINT-Bereich - haben sehr spezifische Qualifikationsanforderungen. Die Ausbildungen und Studiengänge sind anspruchsvoll, wie man an den hohen Abbruchquoten in diesen Studienfächern sieht. Es wird folglich nicht einfach sein, arbeitslose Menschen, zumal wenn sie längere Zeit ohne Arbeit gewesen sind, ausgerechnet für die Erfordernisse in diesen Branchen zu qualifizieren.

Aus meiner Sicht besteht eine vernünftige Politik daher aus einem Mix aus Qualifizierung und Einwanderung. Man darf das eine nicht gegen das andere ausspielen, weil keine der beiden Lösungen allein den Königsweg zur Behebung des Fachkräfteproblems darstellt. Es muss möglich sein, offen und ideologiefrei über die Notwendigkeit weiterer Einwanderung in Deutschland zu sprechen. Das ist nicht nur eine Frage wirtschaftlicher Vernunft, sondern auch sozial und kulturell von Belang. Berlin wäre ein recht langweiliger Ort, hätte es nicht während der Gründerzeit am Ende des 19. Jahrhunderts und in der Zeit nach dem Zweiten Weltkrieg einen enormen Zustrom und damit einen wirtschaftlichen, wissenschaftlichen und kulturellen Innovationsschub aus dem Ausland gegeben. Auch heute erfreut sich Berlin wieder eines ausgezeichneten Rufs in der Welt. Die Stadt braucht Einwanderinnen und Einwanderer, weil sie die Energie, die Innovationen, das Unerwartete und das Faszinierende mitbringen und mithelfen, Berlin zu dem machen, was es ist: eine Weltstadt.

Von Berlin kann man lernen, dass Qualifizierung und Einwanderung zusammen betrachtet werden müssen, denn Qualifizierung alleine ist nicht ausreichend, um dauerhaft erfolgreich und innovativ sein zu können. So hat Berlin trotz eines beispielhaften Wirtschaftsaufschwungs mit einer verfestigten Langzeitarbeitslosigkeit zu kämpfen. Im Zeitraum von 2005 bis 2010 stieg das reale Bruttoinlandsprodukt in Berlin um 13 Prozent und damit mehr als doppelt so stark wie im deutschen Durchschnitt. Auch beim Aufbau von Arbeitsplätzen verzeichnet Berlin in diesem Zeitraum mit 10,8 Prozent einen Spitzenwert. Die Zahl der sozialversicherungspflichtigen Beschäftigungsverhältnisse ist seit 2005 um 120 000 gestiegen. Aber diese ganze Entwicklung führt trotz immenser Qualifizierungsoffensiven nicht dazu, dass die Zahl der Langzeitarbeitslosen deutlich verringert werden kann. Diese Maßnahmen helfen zwar, aber man kann eben aus einem Langzeitarbeitslosen nicht so schnell einen Ingenieur machen. Also werden viele Stellen von Menschen besetzt, die nicht aus Berlin stammen. Und auch wenn dies vielen Langzeitarbeitslosen nicht direkt hilft, profitiert die Stadt insgesamt von dieser Entwicklung. Deshalb setzen wir auf Qualifizierung *und* Einwanderung.

Und auch Deutschland braucht diese innovativen Einflüsse, um zukünftig erfolgreich sein zu können. Dass ich aus der Wirtschaft viel Zustimmung erfahre, wenn ich das Thema aktive Einwanderungspolitik anschneide, ist wenig verwunderlich. Ich weiß, dass das Thema Einwanderung auch in der SPD und bei den Gewerkschaften mit gemischten Gefühlen betrachtet wird. Dennoch sehe ich die Notwendigkeit, das Thema offensiver anzugehen. Ich plädiere deshalb dafür, dass die Sozialdemokratie mutiger wird und auf die Gewerkschaften und die Wirtschaft zugeht, um gemeinsam Vorschläge für eine an den Bedürfnissen des Arbeitsmarkts orientierte gezielte moderne Einwanderungspolitik zu entwickeln und auf dieser Basis ein Gesetzgebungsverfahren in die Wege zu leiten.

Ich begrüße es auch, dass sich im Frühjahr 2011 auf Initiative der Mercator-Stiftung, der Freudenberg Stiftung, der Körber-Stiftung und der Vodafone Stiftung Deutschland eine überparteiliche sogenannte „Hochrangige Konsensgruppe Fachkräftebedarf und Zuwanderung" zusammengefunden hat, die von der Robert-Bosch-Stiftung mit begleitenden Studien unterstützt wird, und deren erklärtes Ziel es ist, mehrheitsfähige Vorschläge für eine zukunftsorientierte und strategische Zuwanderungssteuerung zu erarbeiten. Wünschen wir ihr viel Erfolg und hoffen wir vor allem darauf, dass es ihr besser ergehen wird als der Arbeit der Süssmuth-Kommission, deren Vorschläge auf Grund der eingangs erwähnten politischen Gemengelage 2003 nur unzureichend realisiert werden konnten. Von zentraler Bedeutung für erfolgreiche Konzepte ist es meines Erachtens, eine realistische Beschreibung der Ausgangslage vorzunehmen. Ich bin der festen Überzeugung, dass unser Land nur dann zukünftig erfolgreich sein kann, wenn es für Menschen aus aller Welt attraktiv ist. Aber sind wir das denn?

Die nüchterne Analyse ist deutlich: Deutschland ist längst nicht mehr so attraktiv wie manche immer noch glauben. Der Sachverständigenrat deutscher Stiftungen für Integration und Migration hat in seinem Jahresgutachten *Migrationsland 2011* eine traurige Bilanz vorgelegt: Deutschland ist kein Einwanderungsland mehr, sondern ein Auswanderungsland. Zum zweiten Mal in Folge war der Wanderungssaldo negativ. Die Folgen sind fatal: Deutschland wird älter, die Bevölkerung schrumpft. Deshalb muss Deutschland dringend handeln. Es ist eine nationale Aufgabe, die nur angegangen werden kann, wenn sich alle handelnden Akteure auf eine gemeinsame Grundlosung einigen, die nur heißen kann: Deutschland braucht Einwanderung, um auch in Zukunft wirtschaftlich erfolgreich zu sein, um den demografischen Wandel zu meistern. Wir brauchen Einwanderung, um unsere sozialen Sicherungssysteme stabil zu halten und unseren Wohlstand nachhaltig zu sichern.

Diese grundsätzliche Haltungsfrage gilt es zu klären: Es ist an der Zeit, dass wir endlich von unserem hohen Ross runterkommen, wenn wir Deutschlands Zukunft nicht verspielen wollen. Wir müssen Einwanderungsland sein und uns auch als solches verstehen wollen. Das ist die Grundlage dafür, dass wir begreifen, dass es neuer und zusätzlicher Anreize bedarf, um Einwanderungsland zu bleiben und (Hoch-) Qualifizierte aus dem Ausland für uns zu interessieren. Unsere alternde Gesellschaft hat einen riesigen Bedarf an Fachkräften gerade im Gesundheitswesen und im Pflegebereich. Auch beim technologischen Fortschritt stehen wir in einem intensiven internationalen Wettbewerb um die besten Köpfe. Es ist nicht so, dass alle „Hurra" schreien, wenn wir Deutschen rufen. Diese Zeiten sind vorbei. So war denn auch die große Sorge der deutschen Politik und der Gewerkschaften, dass im Zuge der Arbeitnehmerfreizügigkeit in der EU der deutsche Arbeitsmarkt überschwemmt wird, unbegründet.

Es ist alarmierend, dass Gut- und Bestqualifizierte inzwischen auswandern. 2008 verzeichneten wir 682 000 Einwanderer bei 738 000 Auswanderern. In den vergangenen 15 Jahren hat Deutschland über eine halbe Million mehr Staatsbürgerinnen und Staatsbürger ans Ausland abgegeben als im gleichen Zeitraum einwanderten. Das Ziel muss daher lauten: „Trendumkehr". Dafür braucht es einen Paradigmenwechsel in der Haltung, um den Blick frei zu machen für die Dinge, die wir verbessern müssen, um unsere Attraktivität zu steigern.

Unternehmerinnen und Unternehmen betonen immer, dass Deutschland und die gesetzlichen Regelungen zu unattraktiv für qualifizierte Einwanderer sind. Mir wird immer wieder gesagt, Deutschland mangele es an einer Willkommenskultur, an einer Atmosphäre, die Einwanderern das Gefühl vermittelt, dass sie gewollt sind. Kritisiert wird die fehlende Offenheit in unserer Gesellschaft, was meines Erachtens nur zu Teilen richtig ist, aber durch Debatten à la Sarrazin natürlich neue Nahrung erhält. Hinzu kommen im Vergleich mit anderen Ländern wie den USA, Kanada, Norwegen oder der Schweiz geringere Anreize bei den Löhnen, die in weiten Teilen unseres Landes unzureichenden Betreuungsangebote für Kinder – sowie bürokratische Hürden und gesetzliche Regelungen, die das Arbeiten in Deutschland für Nicht-EU-Ausländer erschweren. Angeführt wird das angeblich zu komplizierte und langsame Verfahren der Vorrangprüfung für Unternehmen, die jemanden aus dem Nicht-EU-Ausland einstellen möchten. Sie müssen, bevor sie die Stelle an einen Einwanderer aus einem Nicht-EU-Land vergeben, nachweisen, dass sie nicht ebenso gut jemanden mit deutscher Staatsbürgerschaft oder Unionsbürgerschaft einstellen können.

Viel Potenzial wird sicher auch bei den hier lebenden ausländischen Studierenden verschenkt. Deutschland ist in den vergangenen Jahren zu einem Magneten für internationale Studierende geworden. In absoluten Zahlen rangiert Deutschland inzwischen hinter den USA und Großbritannien auf dem dritten Platz. Hier liegt vor allem auch für Berlin ein riesiges Potenzial, um sich international und vielfältig positionieren zu können, denn in der Hauptstadt sind mittlerweile ein Viertel der Studierenden aus dem Ausland. Diese jungen Menschen stellen die idealen hochqualifizierten Einwanderer dar. Viele wollen gerne bleiben. Sie müssen aber innerhalb eines Jahres nach ihrem Abschluss einen festen Arbeitsvertrag vorweisen, um bleiben zu können. Zwar ist es der SPD in der Großen Koalition gelungen, Verbesserungen durchzusetzen, indem ausländischen Absolventinnen und Absolventen mit deutschem Hochschulabschluss grundsätzlich die Möglichkeit eingeräumt wird, ohne Vorrangprüfung einen Arbeitsplatz anzunehmen, aber die Frist von einem Jahr nach Abschluss des Studiums ist geblieben. Es geht ihnen aber genauso wie vielen deutschen Absolventen, die nach dem Studium erstmal mit Hilfe von Praktika ihre Fähigkeiten unter Beweis stellen müssen, um längerfristig einen Platz in den Betrieben und Unternehmen angeboten zu bekommen. Ich bin der Auffassung, dass wir es uns nicht leisten können, durch allzu formale Hürden diese hochqualifizierten, vielversprechenden jungen Menschen, die sich hier haben ausbilden lassen, ihrer Chancen in Deutschland zu berauben. Deshalb müssen die bundesgesetzlichen Regeln dahingehend geändert werden, dass Absolventinnen und Absolventen aus Nicht-EU-Staaten eine verlängerte Übergangsfrist von zwei Jahren eingeräumt wird, um hier einen passenden Job zu finden.

Wir müssen über all diese Aspekte diskutieren. Dennoch glaube ich, dass wir vor allem auch über einen Mentalitätswechsel sprechen müssen, wenn wir die Attraktivität unseres Landes steigern wollen. Dieser dreht sich um die Frage, wie wir uns als Gesellschaft insgesamt verstehen, wie wir uns unser Zusammenleben vorstellen. Denn leider ist es immer noch so, dass viele Menschen im Ausland – zu Recht oder zu Unrecht – unsere Gesellschaft als zu wenig weltoffen wahrnehmen.

In der Öffentlichkeit, aber zum Teil auch in der Sozialdemokratie, wird der Forderung nach weiterer Einwanderung oft
mit dem Einwand begegnet, die Bevölkerung wolle keine weitere Einwanderung. Angesichts nach wie vor hoher Arbeits-
losenzahlen könne man ihr Einwanderung nicht „zumuten".
Wie gesagt: Ich habe Verständnis für diese Sorge, auch wenn
ich glaube, dass sie in aller Konsequenz unbegründet ist und
oftmals vorgeschoben wird. Denn ein gut qualifizierter Einwanderer besetzt eben nicht einfach einen freien Arbeitsplatz.
Mit seinem Wissen, seiner Qualifikation und seinen Netzwer-
ken trägt er nachweislich dazu bei, dass vielmehr neue Arbeitsplätze geschaffen werden.

Ich glaube aber, dass diese Haltung oft auch als Vorwand
genutzt wird, um die Debatte um Einwanderung im Keim zu
ersticken. Dass wir Politiker die Bevölkerung gelegentlich un-
terschätzen, zeigt ebenfalls das Jahresgutachten *Migrationsland
2011* des Sachverständigenrats der deutschen Stiftungen für
Integration und Migration, in dem deutlich wird, dass sich
eine deutliche Mehrheit der deutschen Bevölkerung (rund
58 Prozent) für mehr qualifizierte Zuwanderung ausspricht.

Ja, natürlich gibt es Ressentiments, aber sie betreffen eben
nicht die Mehrheit. Diese dürfen aber von der Politik nicht
noch zusätzlich durch absurde, polarisierende öffentliche Debatten geschürt werden. Vielmehr gilt es, weiter aktiv für eine
moderne Einwanderungspolitik zu werben. Ich bin der Auffassung, dass wir in der Frage der Einwanderung mehr Mut
zeigen sollten und die sinnvollen Vorschläge, die zum Beispiel
der Sachverständigenrat der deutschen Stiftungen für Integration und Migration unterbreitet hat, zu prüfen. Auf einige
Punkte wie die Entbürokratisierung der Vorrangsprüfung
oder die Verlängerung der Aufenthaltsdauer für ausländische
Absolventen bin ich bereits eingegangen.

Es wird in den kommenden Jahren nicht um die Frage gehen, ob wir Einwanderung benötigen. Es wird vielmehr um
die Frage gehen, wie wir Einwanderung aktiv gestalten. Für

die Zukunft unseres Landes rufe ich deshalb dazu auf: „Mut zu einer modernen Einwanderungspolitik"!

Wenn wir das verinnerlichen, wenn wir die Haltungsfrage klären, dann haben wir einen elementaren Grundstein für eine positive Entwicklung unserer Gesellschaft und unserer Volkswirtschaft gelegt: Wir brauchen alle, die mitmachen wollen. Ich stehe da ganz in der Tradition des großen Sozialdemokraten Johannes Rau, der es als Bundespräsident aus meiner Sicht in seiner Berliner Rede „Ohne Angst und ohne Träumereien: Gemeinsam in Deutschland leben" im Jahre 2000 auf den Punkt brachte, als er sagte: „Es kommt nicht auf die Herkunft des einzelnen an, sondern darauf, dass wir gemeinsam die Zukunft gewinnen."

Es gibt bereits zahlreiche konstruktive Ansätze in der Einwanderungsfrage – und es gibt Bremser. Ob die Unterschriftenkampagne von Roland Koch, der „Kinder-statt-Inder"-Slogan von Jürgen Rüttgers, die Thesen Thilo Sarrazins, die immer gleichen Zwischenrufe aus Bayern – sei es von CSU-Generalsekretär Alexander Dobrindt im Oktober 2010: „Deutschland ist kein Einwanderungsland" oder seinem Ministerpräsident Horst Seehofer, der im November 2010 noch mal mit kulturkreisspezifischer Ausgrenzungsrhetorik agierte – all diese Zwischenrufe stoßen hier in Deutschland lebende Einwanderinnen und Einwanderer vor den Kopf und erhöhen sicher kaum die Attraktivität unseres Landes im Ausland.

Es ist daher auch eine Frage der Ehre, dass Sozialdemokratinnen und Sozialdemokraten diesen Scharfmachern entschlossen entgegentreten und der Welt zeigen: Die deutsche Gesellschaft ist anders, sie ist vielfältig, sie ist weltoffen. Deshalb werden wir auch solche Parolen nicht unkommentiert stehen lassen. Der Großteil in der SPD hat Einwanderung und die damit einhergehenden Anreize für Integration längst als konstruktive Gestaltungsaufgabe begriffen – zugegeben nicht alle. Wir wissen um Chancen und Herausforderungen einer vielfältigen Gesellschaft und wir wissen auch, dass eine Gesellschaft nicht durch Handauflegen funktionieren kann.

Wir stehen für eine moderne Einwanderungsgesellschaft mit klaren Regeln und fairen Chancen. Unsere Integrationspolitik will fördern, aber sie fordert auch. Wie in Volksparteien üblich, gibt es bei uns eine große Bandbreite von integrationspolitischen Ansätzen und Zugängen – sie reicht von Heinz Buschkowsky, dem Bezirksbürgermeister von Neukölln, bis zu Kenan Kolat, dem Bundesvorsitzenden der Türkischen Gemeinde in Deutschland. Uns eint eine gemeinsame Überzeugung: Integration muss sozialen Aufstieg fördern und Ursachen herkunftsbedingter Benachteiligung beseitigen. Integration lässt sich weder mit Ignoranz, schon gar nicht mit Diffamierung, aber auch nicht mit einem romantischen Alles-wird-gut-Ansatz bewältigen.

Deutschlands Gesellschaft ist geprägt durch sozialen Zusammenhalt. Der Mief der 1980er- und 1990er-Jahre ist gelüftet. Wir haben uns gemeinsam auf den Weg gemacht, unser Zusammenleben modern, offen und tolerant zu gestalten. Die große Mehrheit der Bevölkerung weiß um die Chancen und Potenziale einer von Vielfalt geprägten Gesellschaft. Deutschland ist auf dem Weg in die Zukunft und die ewiggestrigen Sektierer werden wir aushalten. Ich weiß: Deutschland hat Mut zur Integration, um eine moderne Einwanderungsgesellschaft sozial gerecht zu gestalten. Als SPD werden wir diese Aufgabe mit aller Kraft annehmen.

Unsere Kraft liegt im sozialen Zusammenhalt

Ich habe zu Beginn dieses Buches deutlich gemacht, dass es bei Integration meiner Ansicht nach vor allem um die Frage nach der grundsätzlichen Haltung einer Gesellschaft geht: Wie wollen wir zusammen leben und zusammenleben? Beim Schreiben hat mich diese Frage in ihrer Vielschichtigkeit mit aller Wucht eingeholt. Als am Freitag, den 22. Juli 2011, im Osloer Regierungsviertel Bomben explodierten, waren wir alle geschockt. Als ich am späten Abend von der schrecklichen Greueltat auf ein Camp der sozialdemokratischen Jugendorganisation Norwegens auf der Insel Utøya hörte, war ich fassungslos. Als ich am Morgen darauf erfuhr, wie viele Menschen kaltblütig umgebracht wurden, machte sich in mir ein Entsetzen breit, das ich gar nicht in Worte fassen kann und möchte. Was muss in jemandem vorgehen, der so etwas tun kann? Wie kann jemand nur so perfide und mit solcher Brutalität und Eiseskälte das Leben von unschuldigen überwiegend ganz jungen Menschen auslöschen? Eine Antwort darauf zu geben, ist unmöglich.

Es hat mich in den Tagen danach tief beeindruckt, wie die norwegische Bevölkerung mit diesem widerlichen Gewaltakt umgegangen ist. Dieses Innehalten und die Fähigkeit, Trauer zuzulassen und sich die Zeit zu nehmen zu begreifen, was da eigentlich geschehen ist, ist ein beeindruckendes Symbol für eine zutiefst aufgeklärte Gesellschaft. Man war nicht versucht, sofort Antworten zu suchen oder zu geben. Dass eigentlich naheliegende Emotionen wie Wut sich in dieser Situation nicht Bahn brachen, sondern vielmehr, nachdem die erste Verzweiflung gewichen war, bei vielen der Reflex eintrat, die norwegische weltoffene, liberale und tolerante Gesellschaftsordnung nicht in Frage zu stellen – sondern im Gegenteil aktiv für diese Form des Zusammenlebens zu werben – ist wirklich bewundernswert und vorbildhaft. Die Norwegerinnen und Norweger haben mit ihrer Haltung deutlich gemacht, dass sie gerade nicht den perfiden Intentionen des Attentäters auf den Leim gehen. Sie haben seinen abscheulichen Plan durchschaut. Dieser Haltung gebührt mein ganzer Respekt.

Ich hätte mir gewünscht, alle hätten sich diese Zeit genommen. Und ich komme nicht umhin, an dieser Stelle auf die Medien zu sprechen zu kommen. Ihre Aufgabe ist es, die Menschen zu informieren. Ihre Aufgabe ist es auch, zu interpretieren und zu kommentieren. Aber eben alles zu seiner Zeit. Dass kurz nach dem Bombenanschlag ohne konkrete Anhaltspunkte vermeintliche Experten sofort von islamistischem Terror ausgingen, hat deutlich gemacht wie tief sich die feigen Anschläge auf das New Yorker World Trade Center in unsere Köpfe eingegraben haben. Der Reflex ist klar: Explodiert irgendwo eine Bombe, dann sind es nicht wenige, die sofort an ein islamistisch motiviertes Attentat denken. Diesen Generalverdacht aber ohne konkrete Hinweise zu äußern, ist für den Zusammenhalt in einer Gesellschaft mehr als schwierig. Nein, er ist brandgefährlich. Ja, es gibt extremistische Tendenzen in Religionen. Im Islam ebenso wie bei Protestanten und Katholiken. Zu oft schon wurden Religionen dafür instrumentalisiert, Gewalt anzuwenden. Und es gibt extremistische Bestrebungen in der Politik – auch in Demokratien. Die Haltung einer Gesellschaft dazu muss klar und deutlich sein: Jeglicher Form von Extremismus muss eine demokratische Gesellschaft entgegentreten. Jedweden Bestrebungen, unsere freiheitliche demokratische Grundordnung in Frage zu stellen, muss entschieden ein Riegel vorgeschoben werden.

Was aber auf keinen Fall passieren darf, ist, dass reflexartig der Nährboden für weitere Vorurteile bereitet wird. Genau das war eine der widerlichen Intentionen des norwegischen Attentäters. Die Folge eines solch schrecklichen Ereignisses darf eben gerade nicht sein, weitere Ressentiments zu schüren. Jede und jeder trägt dafür Verantwortung, dass genau dies nicht geschieht. Starke Demokratien, offene Gesellschaften haben die Kraft, sich solchen Ereignissen entgegenzustellen.

Sie schaffen es aber nur gemeinsam und auch nur dann, wenn sich alle in der Gesellschaft unterhaken. Eine starke Gesellschaft kann das aushalten – auch wenn es schwer ist. Wir haben in großen Teilen Europas starke Gesellschaften und starke Demokratien, auf die wir stolz sein können. Wir sollten uns dabei immer wieder vergegenwärtigen, dass offene Demokratien sowohl angreifbar, als auch wehrhaft sind. Und wir sollten uns der Tatsache bewusst sein, dass unsere Kraft im sozialen Zusammenhalt liegt.

Norwegen und allen voran der norwegische Premierminister Jens Stoltenberg haben dies eindrucksvoll bewiesen. Als er wenige Tage nach der Tat in Oslo vor bis zu 200 000 Menschen sprach, hat mich das wirklich tief beeindruckt. Viele Menschen standen mit Rosen auf dem Platz. Die Worte Stoltenbergs bewegten die vielen Trauernden: „Es gibt ein Norwegen vor dem 22. Juli und eines danach. Doch welches Norwegen kommt, bestimmen allein wir." Und er fügte hinzu: „Ich bin dankbar, in einem Land zu leben, in dem die Menschen in einer kritischen Lage mit Blumen und Kerzen auf die Straße gehen, und Wache stehen für die Demokratie". Als er dann sagte: „Heute Abend demonstrieren wir: mehr Offenheit, mehr Demokratie, Standfestigkeit und Stärke" warfen die Menschen ihre Blumen in die Luft.

Und auch die Worte von König Harald („Freiheit ist stärker als Furcht") und Kronprinz Haakon sind zutiefst beeindruckend: „Wir wollen Grausamkeit mit Nähe beantworten. Wir wollen Hass mit Zusammenhalt beantworten. Wir wollen zeigen, wozu wir stehen."

Diese Stärke, diese Kraft bewegt mich, und es zeigt mir eine Gesellschaft wie ich sie mir wünsche: Offen, tolerant, demokratisch und von Solidarität und sozialem Zusammenhalt geprägt. Eine solche Gesellschaft kann Krisen meistern. Eine Gesellschaft, die in einer solch schwierigen Situation in der Lage ist zu reflektieren, und sich nachvollziehbaren Reflexen zu widersetzen, indem sie sich die Frage stellt „Wie wollen wir zukünftig zusammenleben?" zeugt von einer enormen

Kraft, die aus ihr selbst kommt. Eine solche Gesellschaft ist unter allen Umständen bereit, ihre Liberalität und Weltoffenheit gegen die Feinde der Freiheit zu verteidigen.

Grundlage einer solchen Gesellschaft ist, dass sie jede und jeden teilhaben lässt, dass sie niemanden ausschließt, dass sie integriert. Grundlage einer solchen Gesellschaft ist, dass sie Gewalt, Diskriminierung und Rassismus mit Zivilcourage beantwortet. Grundlage einer solchen Gesellschaft ist der soziale Zusammenhalt.

Mein Anliegen war es, in diesem Essay deutlich zu machen, warum es sich lohnt für eine Gesellschaft des Miteinanders zu kämpfen, warum es sich lohnt, Integration mutig als zentrale Gestaltungsaufgabe anzugehen. Unsere Gesellschaft ist und war immer vielfältig. Unsere Gesellschaft muss offen und tolerant sein, um den Zusammenhalt zu sichern und allen eine Perspektive zu geben. Unsere Gesellschaft muss so gestaltet werden, dass sich die Menschen wohlfühlen und ihre Talente voll zum Wohle Aller einsetzen können. Menschen, die sich als Teil dieser Gesellschaft fühlen, werden diese gegen alle Angriffe verteidigen. Ich bin der festen Überzeugung, dass eine offene Gesellschaft, in der man ohne Angst verschieden sein kann, uns miteinander stark macht und zudem die Attraktivität Deutschlands in der ganzen Welt erhöht.

Die Grundlage für eine offene Gesellschaft, für ein faires Miteinander, ist, den anderen so anzuerkennen wie er ist. Dafür zu sorgen, dass Akzeptanz, Respekt und gegenseitige Wertschätzung unser gesellschaftliches Klima bestimmt. Die Voraussetzung dafür, dass dies gelingt, ist das Ernstnehmen von Ängsten und der Abbau von Ängsten durch Kommunikation und Teilhabe aller am gesellschaftlichen Leben. Eine solche Gesellschaft hat die Kraft, sich gegen Feinde der Demokratie zur Wehr zu setzen.

Feinde der Demokratie – ja, die gibt es. Das führt uns Norwegen in einer grausamen Art und Weise vor Augen. Dieser Hass gegen eine freiheitliche demokratische Grundordnung, dieser Hass gegenüber offenen und toleranten Gesellschaften existiert. All diesen Bewegungen, die diesen Hass in sich tragen, ist gemein, dass sie sich latent vorhandener Ängste in der Bevölkerung bedienen oder Ängste bewusst fördern.

Ängste entstehen dort, wo Unsicherheiten sind – zum Beispiel durch fehlende ökonomische Teilhabe am Arbeitsprozess oder durch Unwissenheit (zum Beispiel auch über Religionen). Ängste sind der Nährboden für Abschottungs- und Ausgrenzungstendenzen. Ängste fördern Feindseligkeiten gegen jegliche Form des „Andersseins" – gegenüber anderen Kulturen, anderen Religionen, anderen Lebensweisen. Ängste sind brandgefährlich für unsere Gesellschaft und das Funktionieren unserer Demokratie.

Demokratische Parteien müssen den Menschen diese Ängste nehmen, indem sie aufklären, Teilhabe sicherstellen, Bildung und Aufstieg ermöglichen, Perspektiven aufzeigen. Das war auch das Thema dieses Buches. Wenn gesellschaftliche Integration nicht gelingt, werden sich andere dieses Potenzial zu Nutze machen, um es für ihren Kampf gegen die Demokratie zu instrumentalisieren. Dieses Phänomen ist ja nicht neu: So sind rechtspopulistische Tendenzen inzwischen in nahezu jedem europäischen Land zu verzeichnen. Sei es die FPÖ in Österreich, die Front National in Frankreich, die „Wahren Finnen" in Finnland, die Schwedendemokraten in Schweden, Geert Wilders und seine Partei für die Freiheit in den Niederlanden oder die NPD/DVU und die nationalen Autonomen in Deutschland. Diese Bewegungen sind es, die fremdenfeindlichen Ressentiments Vorschub leisten, die Islamophobie, Antisemitismus und Homophobie schüren. Ihr Weltbild ist geprägt von einer überlegenen westlichen Kultur, die sie von Einwanderern aus muslimischen Ländern bedroht sehen. Ihr Ziel ist es, den Menschen Angst zu machen, um so das gesellschaftliche Klima der Offenheit zu vergiften. Die Antwort darauf kann nur heißen, den sozialen Zusammenhalt durch gesellschaftliche Integration zu stärken, indem die Ursachen sozialer Ungleichheit beseitigt werden. Die Antwort kann nur heißen: Teilhabe für alle. Der Titel dieses Buches „Mut zur Integration" ist durch Norwegen noch bedeutsamer geworden.

Dass die NPD mit diesem Schüren und Bedienen von Ängsten auch in diesem Jahr erneut bei Wahlen erfolgreich war, ist besorgniserregend, und zeigt deutlich, dass die demokratischen Parteien in Deutschland noch aktiver werden müssen. Während diese Partei 2011 dank einer gestiegenen Wahlbeteiligung den Einzug in den Landtag von Sachsen-Anhalt mit 4,6 Prozent knapp verfehlte, ist sie weiterhin in drei östlichen Berliner Bezirksverordnetenversammlungen vertreten und erneut mit 6 Prozent in Mecklenburg-Vorpommern ins Landesparlament eingezogen. Schaut man sich die Zahlen im Detail an, wird einem Angst und Bange: So haben in Sachsen-Anhalt 10 Prozent und in Mecklenburg-Vorpommern 12 Prozent der 25 bis 34-Jährigen NPD gewählt. Bei den 18 bis 24-Jährigen erreichte sie in beiden Ländern eine Zustimmung von 14 Prozent. In der Gruppe der 18 bis 24-jährigen Männer waren es sogar 18 Prozent. Dass ein so hoher Anteil den braunen Parolen auf den Leim geht, hat nichts mit Problemen der Integration von Einwanderern zu tun – zumal der Anteil der Bevölkerung mit Migrationshintergrund in den ostdeutschen Ländern marginal ist. Dieser Anteil ist auch nicht darauf zurückzuführen, dass sich die NPD-Wähler in ihrem Alltag permanent mit „dem Islam" konfrontiert sehen. Nein, es sind die Ängste und die Probleme, die die Menschen mit sich selbst haben: Arbeitslosigkeit, Bildungsferne, Perspektivlosigkeit, Unsicherheit, Unwissenheit, Ängste vor gesellschaftlicher Ausgrenzung und ökonomischem Absturz – diese elementaren Sorgen und Befindlichkeiten sind es, die die Rechtspopulisten gezielt aufgreifen. Sie schaffen es, diese individuellen Ängste auf das Fremde und insbesondere auf den Islam als Religion zu projizieren. Wenn wir also von Integration sprechen, dann geht es auch darum, diesen potenziellen Wählerschichten der NPD gesellschaftliche Teilhabe zu ermöglichen. Ja, gesellschaftliche Integration betrifft nicht zuletzt auch NPD-Wähler. Hier müssen Anreize gesetzt werden, damit diese Menschen sich weiterqualifizieren, Arbeit finden und damit am gesellschaftlichen Leben teilhaben. Dann werden sie bald sehen, dass es Arbeit für sie gibt und müssen nicht dreist-dämlichen Parolen auf den Leim gehen, die behaupten, dass „Ausländer den Deutschen die Arbeitsplätze wegnehmen".

Wenn wir über die NPD sprechen, dann geht es auch noch um etwas Grundsätzlicheres. Ich habe nie einen Hehl daraus gemacht, dass ich der Auffassung bin, dass die NPD in Deutschland verboten werden muss. Eine Vereinigung, deren Ziel es ist, die Privilegien einer demokratischen Gesellschaftsordnung auszunutzen, um die Demokratie abzuschaffen und den Nährboden für eine gesellschaftliche Spaltung zu organisieren, darf nicht auch noch durch Steuergelder finanziert werden. Eine Partei, die Hass fördert und Volksverhetzung den Boden bereitet, fußt nicht auf der Grundlage unserer demokratischen Ordnung. Solchen Parteien muss die finanzielle Grundlage entzogen werden.

Ihre Wählerinnen und Wähler aber gilt es ernst zu nehmen, denn es sind viele darunter, die für sich keine Perspektive sehen. Auch hier kommen wir zur Ausgangsthese dieses Buches zurück: Es sind soziale Ursachen, die dazu führen, dass Menschen empfänglich für Hasstiraden werden und sich in der Folge in Parallelgesellschaften abschotten. Diese Zusammenrottungen sind es, die unserer Gesellschaft gefährlich werden können.

Auch wenn es etwas banal klingen mag, will ich abschließend zusammenfassen: Mut zur Integration bedeutet für mich, Ängste ernst zu nehmen, deren überwiegend soziale Ursachen zu beseitigen und aufzuklären, indem Kommunikation und Dialog gefördert werden. Mut zur Integration bedeutet, Probleme offen anzusprechen, ohne dabei zu diskriminieren, und gemeinsam an Lösungen zu arbeiten. Mut zur Integration bedeutet Wertschätzung, Respekt und Anerkennung im Umgang miteinander in jeder Situation – und dabei immer die gesamte Gesellschaft im Blick zu behalten. Diese Haltung muss eine moderne Gesellschaft haben, dieses Klima muss vorherrschen, dann schaffen wir es auch, uns gegen Feinde der Demokratie zur Wehr zu setzen.

Die schreckliche Tat in Norwegen hat mir noch mal deutlich vor Augen geführt, dass es nur diesen Weg gibt: Mut zur Integration – für eine Gesellschaft des Miteinanders. Es bestärkt mich in meinem Ansatz, für eine offene und tolerante Gesellschaft zu werben und rückwärtsgewandten, sich in Überschriften erschöpfenden, polarisierenden Debatten eine deutliche Absage zu erteilen. Aus meiner Sicht verbietet es sich, „nach Norwegen" über Multikulturalismus zu lamentieren. Damit würden wir uns des Vokabulars eines widerwärtigen Massenmörders bedienen und den Argumentationssträngen und zugleich seinen Intentionen folgen. „Nach Norwegen" muss klar sein: Wir selbst sind dafür verantwortlich, wie wir in unserer Gesellschaft zusammenleben wollen. Voraussetzung, um diese Frage zu beantworten, ist es, die Realität unserer von Vielfalt geprägten Gesellschaft anzuerkennen. Nur so können wir unsere Zukunft gemeinsam gestalten. Ich kämpfe dafür, dass wir uns um unserer eigenen Zukunft Willen weiter für eine offene moderne Gesellschaft engagieren. Abschließend will ich mich auch hier noch einmal auf den norwegischen Premier Stoltenberg beziehen, der den jungen Menschen nahegelegt hat, sich gerade jetzt in politischen Organisationen zu engagieren, um ein Zeichen zu setzen:

„To the young I would say this: The massacre on Utøya was also an attack on the dreams that young people had of contributing to a better world. Their dreams were brutally shattered. Your dreams can be reality. You can carry the spirit of this evening out into the world. You can make a difference. Do it! My challenge is simple: Get involved! Care! Become members of a political organisation!"

Genau darum geht es: All diejenigen zu vereinen und zu integrieren, die sich für die Ideale einer modernen Gesellschaft einsetzen. Meine Partei, die Sozialdemokratische Partei Deutschlands, muss die Avantgarde für eine moderne Gesellschaft sein. Moderne Gesellschaften sind frei, gerecht und so-

lidarisch. Auf diesen Grundwerten fußt die deutsche Sozialdemokratie. Wir stehen für eine integrative und sozial gerechte
Gesellschaft – seit fast 150 Jahren. Deutschland ist auf einem
guten Weg, aber wir sind noch nicht am Ziel: einer Gesellschaft, in der wir ohne Angst verschieden sein können.